VOYAGE DANS LES PRAIRIES
À L'OUEST
DES ÉTATS-UNIS.

PAR
WASHINGTON IRVING.

TRADUIT
PAR MADEMOISELLE A. SOBRY
Traducteur des contes de l'Alhambra

PARIS
LIBRAIRIE DE FOURNIER JEUNE,

Rue de Seine n° 14

1835

© 2024, Washington Irving (domaine public)
Édition : BoD • Books on Demand GmbH, In de Tarpen 42,
22848 Norderstedt (Allemagne)
Impression : Libri Plureos GmbH, Friedensallee 273, 22763
Hamburg (Allemagne)
ISBN : 978-2-3225-5751-6
Dépôt légal : Septembre 2024

MÉLANGES
TOME PREMIER.

VOYAGE DANS LES PRAIRIES

TABLE DES MATIÈRES.

CHAPITRE PREMIER.

Territoires de chasse dans les prairies. — Mes compagnons de voyage. — le commissaire du gouvernement. — Le virtuose universel. — L'amateur d'aventures. — Le Gil-Blas des frontières — Jouissances par anticipation d'un jeune homme romanesque.

CHAPITRE II

Espérances déçues. — Nouveaux plans. — préparatifs pour nous joindre à une expédition d'exploration. — Départ de Fort Gibson. — Passage à gué du Verdegris. — Un cavalier indien.

CHAPITRE III.

Une agence indienne. — Riflemen (corps de rôdeurs ou batteurs de pays.) — usages. — Cricks — Chasseurs. — Chiens, — Chevaux. — Métis. — Beatte-le-chasseur.

CHAPITRE IV.

Le départ

CHAPITRE V.

Scènes de frontières. — Le Lycurgue des confins. — Loi de Lynchs. — Danger de trouver un cheval. — Le jeune Osage

CHAPITRE VI.

On trouve la trace des chasseurs osages. — Départ du comte et de son compagnon. — Camp de guerriers abandonné. — Chien errant. — Le campement

CHAPITRE VII.

Nouvelles du corps d'armée. — Le comte et son écuyer sauvage. — Halte dans les bois. — Scène de forêt. — Village osage. — Visite des Osages à notre camp

CHAPITRE VIII.

Le camp des Rangers (Rôdeurs)

CHAPITRE IX.

Chasse aux abeilles

CHAPITRE X.

Amusemens du camp — Un conseil. — Pitance ordinaire et dessert du chasseur. — Scènes du soir. — Musique nocturne. — Sort funeste d'un hibou mélomane

CHAPITRE XI.

Nous plions bagage : — Marche pittoresque. — Chasse. — Scènes de camp. — Triomphe d'un jeune chasseur. — Mauvais succès des vétérans. — Vil assassinat d'un chafoin

CHAPITRE XII.

Traversée de l'Arkansas

CHAPITRE XIII.

Le camp du vallon. — Les Pawnies. — Leurs mœurs et leur manière de combattre. — Aventure d'un chasseur. — Chevaux retrouvés et hommes perdus

CHAPITRE XIV.

Chasse au daim. — Vie des Prairies. — Beau campement. — Bonne fortune d'un chasseur. — Anecdotes des Delawares. — Leurs superstitions

CHAPITRE XV.

Le camp des élans

CHAPITRE XVI

Maladie au camp. — Marche. — Le cheval hors de service. — Le vieux Ryan et les traîneurs. — Symptômes de changement de temps, et changement d'humeur

CHAPITRE XVII.

Orage sur les Prairies. — Campement d'orage. — Scène de nuit. — Histoires de sauvages. — Cheval effrayé.

CHAPITRE XVIII.

Une grande Prairie. — Château de Rochers. — Traces de buffles. — Daim chassé par des loups. — Forêts transversales

CHAPITRE XIX.

Espérances des chasseurs. — Gué dangereux. — Cheval sauvage

CHAPITRE XX.

LE CAMP DU CHEVAL SAUVAGE.

Contes de chasseurs. — Chevaux sauvages. — Le métis et sa prise. — Chasse au cheval. — Animal sauvage dompté.

CHAPITRE XXI.

Gué de la Fourche Rouge. — Arides forêts. — Buffles.

CHAPITRE XXII.

LE CAMP DE L'ALARME.

Feu. — Indiens sauvages

CHAPITRE XXIII.

Digue de castors. — Traces de buffles et de chevaux sauvages. — Sentier frayé par les Pawnies. — Chevaux sauvages. — L'ours et le jeune chasseur

CHAPITRE XXIV.

Disette de pain. — On rencontre des buffles. — Dindons sauvages. — Mort d'un taureau-buffle.

CHAPITRE XXV.

Le cercle des chevaux sauvages

CHAPITRE XXVI.

Passage à gué de la Fourche-Nord. — Tristes paysages des forêts transversales. — Fuite de chevaux pendant la nuit. — Parti d'Osages guerriers. — Effets d'une harangue pacifique. — Buffle. — Cheval sauvage

CHAPITRE XXVII.

Campement de pluie. — Anecdotes de la chasse aux ours. — Idées superstitieuses des Indiens sur les présages. — Scrupules concernant les morts

CHAPITRE XXVIII.

Expédition secrète. — Stratagème pour prendre les daims. — Balles enchantées.

CHAPITRE XXIX.

La grande Prairie. — Chasse au buffle

CHAPITRE XXX.

Un camarade perdu. — Recherche du campement. — Le commissaire, le cheval sauvage et le buffle. — Sérénade de loups

CHAPITRE XXXI.

Expédition pour chercher notre compagnon perdu.

CHAPITRE XXXII.

Une république de chiens de prairie.

CHAPITRE XXXIII.

Conseil. — Motifs pour reprendre le chemin de la frontière. — Chevaux perdus. — Nous partons avec un détachement. — Terres marécageuses. — Cheval sauvage. — Scène de nuit. — Le hibou précurseur de l'aurore

CHAPITRE XXXIV.

Ancien campement des Cricks. — Rareté de vivres. — temps. — Marche pénible. — Pont de chasseurs.

CHAPITRE XXXV.

On voit terre. — Marche difficile. — Campement affamé. — Ferme frontière. — Arrivée à la garnison

PREFACE.

L'auteur a l'intention de faire paraître les contenus accumulés de son portefeuille, et les produits subséquens de sa plume, en petits volumes détachés, publiés à des intervalles plus ou moins longs suivant les circonstances.

On l'a beaucoup encouragé à donner une relation de son Voyage aux Prairies qui joignent nos frontières de l'ouest, et diverses publications sur ce sujet ont été annoncées, comme de lui, avant qu'il eût songé à mettre ses observations en ordre. Pour répondre autant qu'il le peut à l'attente ainsi excitée, il présente dans ce volume, une partie de cette tournée comprenant une course à travers les prairies des Buffles. C'est une simple exposition de faits qui ne peut avoir d'autre mérite que la vérité ; si ces esquisses sont accueillies, l'auteur offrira dans les volumes suivans d'autres scènes de notre nouveau monde.

VOYAGE DANS LES PRAIRIES

À L'OUEST
DES ÉTATS-UNIS.

CHAPITRE PREMIER.

Territoires de chasse dans les prairies. — Mes compagnons de voyage. — le commissaire du gouvernement. — Le virtuose universel. — L'amateur d'aventures. — Le Gil-Blas des frontières — Jouissances par anticipation d'un jeune homme romanesque.

Dans ces régions sur lesquelles nos frontières de l'ouest avancent tous les jours, dans ces régions tant vantées et si imparfaitement connues, s'étend, à plusieurs centaines de milles au-delà du Mississipi, un immense espace de terre inculte où l'on ne voit ni la cabane du Blanc, ni le wigwam de l'Indien. Ce désert se compose de plaines coupées par des forêts, des bosquets ou des bouquets d'arbres, et arrosées par l'Arkansas, la Grande-Rivière Canadienne, la Rivière Rouge et leurs tributaires. Sur ces terres verdoyantes, l'élan, le buffle, le cheval sauvage, errent encore dans leur primitive liberté, et les tribus indigènes de l'ouest ont dans ces parages leurs divers territoires dédiasse. Là se rendent les Osages, les Cricks, les Delawares et d'autres nations qui se sont liées en quelque sorte à la civilisation, et vivent dans le voisinage des établissemens des Blancs. Là se rendent aussi les Pawnies, les Comanches, et d'autres peuples belliqueux et encore indépendans, nomades des prairies ou habitans des montagnes de rochers. La région dont je parle est un terrain disputable entre ces tribus guerrières et vindicatives ; aucune d'elles ne s'arroge le droit de se fixer dans ses limites ; mais leurs chasseurs, leurs braves, y vont en troupes nombreuses dans la saison de la chasse, forment leur léger campement de branches d'arbres et de peaux, se hâtent d'abattre, parmi les innombrables troupeaux qui broutent la prairie, de quoi se charger de butin, et se retirent au plus vite de ce dangereux voisinage. Ces expéditions sont toujours armées et préparées pour la guerre, comme pour la chasse. Le chasseur se tient prêt à l'attaque ou à la défense et doit avoir une vigilance continuelle. S'ils rencontrent dans leurs excursions les chasseurs d'une tribu ennemie, il en résulte un combat acharné ; de plus, les campemens sont sujets à être surpris par des guerriers errans, et les chasseurs dispersés à la poursuite du gibier à être pris ou massacrés par des ennemis embusqués. Des crânes, des squelettes desséchés au fond des ravins obscurs, marquent le théâtre de faits sanguinaires et montrent au voyageur la nature dangereuse de la contrée qu'il traverse. Les pages suivantes contiendront le narré d'une excursion d'un mois dans ces territoires de chasse, dont une partie n'a pas encore été explorée par les Blancs.

Au commencement d'octobre 1832 j'arrivai à Fort Gibson, un poste de notre extrême frontière de l'ouest situé sur la Grande-Rivière, près de son confluent avec l'Arkansas. Depuis un mois je voyageais avec une petite compagnie : nous étions allés de Saint-Louis aux rives du Missouri, et le long de la ligne d'agences et de missions, qui s'étend du Missouri à l'Arkansas. À la tête de notre bande était un commissaire chargé, par le gouvernement des États-Unis, d'inspecter l'établissement des tribus indiennes qui émigrent de l'est à l'ouest du Mississipi. Les devoirs de sa charge le conduisaient à visiter divers postes avancés de la civilisation ; et ici le lecteur me permettra de rendre hommage au mérite de notre digne conducteur. Il était né dans une des villes du Connecticut, et une vie passée dans la pratique des lois et les affaires administratives n'avait pu altérer la candeur, la bienveillance innée de son cœur. La plus grande partie de ses jours s'était écoulée au sein de sa famille et dans la société d'hommes vénérables, diacres, anciens, ou pasteurs évangéliques, des bords paisibles du Connecticut, quand il fut appelé soudain à monter son destrier, à prendre son mousquet, et à se mêler parmi les rudes chasseurs, les hardis planteurs, les sauvages nus, à travers les solitudes, sans chemins tracés, qui s'étendent au loin à l'occident de nos provinces nouvelles.

Un autre de mes compagnons était M. L...., Anglais de naissance, mais d'origine étrangère, et doué de toute la vivacité d'esprit et de toute la facilité de caractère d'un naturel du continent européen. Ses voyages en divers pays en avaient fait, à certain degré, un citoyen du monde, prêt à se conformer à tous les changemens exigés par les différentes mœurs, les différentes localités au milieu desquelles il se trouvait. C'était un homme universel : botaniste, géologue, chasseur aux scarabées et aux papillons, amateur de musique, dessinateur très au-dessus du médiocre, bref, virtuose général et spécial, et de plus chasseur infatigable, sinon toujours heureux. Jamais homme n'eut à la fois plus de *fers au feu*, par conséquent jamais homme ne fut plus affairé et plus satisfait. Mon troisième compagnon avait suivi le second d'Europe en Amérique, c'était le Télémaque de notre virtuose, et à l'instar de son prototype, il donnait parfois un peu d'embarras et d'inquiétude au sage Mentor. C'était un jeune comte suisse à peine âgé de vingt-un ans, plein de talens et d'esprit, mais entreprenant, aventureux à l'excès, et prêt à s'engager dans les pas les plus dangereux pour l'amour du mouvement, de la nouveauté. Après avoir parlé de mes camarades, je ne dois pas omettre de citer un personnage de rang inférieur, mais d'une importance prédominante ; l'écuyer, le groom, le cuisinier, le constructeur de tentes, et en un mot le factotum et je puis ajouter la *commère* de notre compagnie.

C'était un petit Créole français, maigre, jaune, tanné, aux membres souples et grêles, nommé Antoine, et familièrement Tony ; une sorte de Gil-Blas de la frontière, qui avait passé sa vie errante tour à tour parmi les Blancs et parmi les Indiens ; tantôt employé par les marchands, les missionnaires ou les agens, tantôt se mêlant avec les chasseurs Osages. Nous le prîmes à Saint-Louis, près duquel il a une petite ferme, une femme indienne et une couvée d'enfans métis ; cependant il a, de son aveu, une femme dans chaque tribu, et si l'on croyait tout ce que ce petit vagabond dit de lui-même, il serait sans moralité, sans foi, sans loi, sans culte, sans patrie, et on peut ajouter sans langage, car il parle un jargon *babylonique*, mêlé de français, d'anglais et d'osage : avec tout cela c'était un rodomont achevé et un menteur du premier ordre. Il était fort drôle de l'entendre gasconner sur ses formidables exploits et sur les périls atroces auxquels il avait miraculeusement échappé. Au milieu de sa volubilité, il éprouvait parfois un spasme des mâchoires très singulier : on eût dit qu'elles se démantibulaient, qu'elles se décrochaient de leurs gonds. Quant à moi, je suis porté à croire que cet accident était causé par quelque gros mensonge qui avait peine à passer par son gosier, car je remarquai généralement qu'immédiatement après ce mouvement convulsif il nous lâchait une exorbitante hablerie.

Notre voyage avait été extrêmement agréable ; nous avions pris occasionnellement nos quartiers dans les établissemens des missionnaires, placés à de grandes distances les uns des autres ; mais en général nous passions la nuit sous des tentes, dans les bosquets qui bordent les ruisseaux. À la fin de notre tournée nous pressâmes le pas, dans l'espoir d'arriver au fort Gibson à temps pour nous joindre aux chasseurs Osages, dans leur visite d'automne aux prairies des Buffles. Déjà l'imagination du jeune comte s'était enflammée à ce sujet. Les vastes paysages, les habitudes sauvages des prairies, lui tournaient la tête ; et les histoires que le petit Tony lui contait des braves Indiens et des beautés indiennes, de la chasse au buffle, de la manière de se saisir des chevaux sauvages, l'avaient rendu avide de devenir lui-même sauvage. Il était bon et hardi cavalier, et mourait d'envie d'explorer les territoires de chasse. Rien n'était plus amusant que ses espérances juvéniles sur tout ce qu'il devait voir et faire, sur tous les plaisirs qu'il goûterait en se mêlant parmi les Indiens et en partageant leurs rudes et dangereux exercices ; mais il n'était pas moins curieux d'entendre les gasconnades de Tony, qui s'engageait à lui servir d'écuyer dans toutes ses entreprises, qui devait lui enseigner à jeter le lacet au cheval sauvage, à abattre le buffle, à gagner les doux sourires des princesses indiennes.

« Et si nous pouvions seulement voir une prairie en feu ! s'écriait le jeune comte. — Par cette âme, j'en incendierai une moi-même ! » répondit le petit Français.

CHAPITRE II.

Espérances déçues. — Nouveaux plans. — Préparatifs pour nous joindre à une expédition d'exploration. — Départ de Fort Gibson. — Passage à gué du Verdegris. — Un cavalier indien.

Les vives et flatteuses espérances d'un jeune homme sont assez souvent suivies du désappointement. Malheureusement pour les plans de campagne sauvage du comte, avant la fin de notre course, les chasseurs Osages étaient partis pour les territoires des Buffles. Le jeune Suisse ne voulut pas en avoir le démenti ; il se détermina à suivre leurs traces et à s'efforcer de les rejoindre ; et dans cette vue il s'arrêta, un peu avant Fort Gibson, à l'agence des Osages. Son compagnon, M. L..., demeura avec lui, et le commissaire et moi poursuivîmes notre route, suivis du fidèle et véridique Tony. Je touchai quelques mots à ce dernier sur ses promesses d'accompagner le comte dans ses campagnes ; mais je trouvai le petit homme parfaitement éclairé sur ses propres intérêts. Il comprenait fort bien que le commissaire resterait long-temps dans le pays pour remplir les devoirs de sa charge, tandis que le séjour du comte y serait simplement passager. Les gasconnades du petit bravache finirent donc subitement ; il ne parla plus au jeune comte des Indiens, des buffles, des chevaux sauvages, mais se plaçant silencieusement au milieu des gens du commissaire, il marcha derrière nous sans desserrer les dents jusqu'au fort. Arrivés là, une autre chance de croisière dans les prairies s'offrit à nous. On nous dit qu'une compagnie de cavaliers explorateurs ou *riflemen* était partie, trois jours auparavant, pour faire une tournée de l'Arkansas à la Rivière-Rouge, en y comprenant une partie du territoire de chasse des Pawnies, où les Blancs n'avaient pas encore pénétré. C'était une heureuse occasion de parcourir des régions intéressantes et périlleuses sous la sauvegarde d'une puissante escorte, et de plus, protégé par la présence du commissaire, qui pouvait, en vertu de son office, réclamer les services de ce nouveau corps de *riflemen* (cavaliers armés de carabine) ; la contrée qu'ils allaient reconnaître étant destinée à l'établissement de tribus émigrantes.

Bientôt notre plan fut arrêté et mis à exécution : on dépêcha de Fort Gibson une couple d'Indiens cricks, pour atteindre les explorateurs et leur dire de faire halte jusqu'à ce que le commissaire et sa troupe les eussent rejoints. Comme nous avions trois ou quatre journées à faire dans un pays inhabité, avant de regagner les cavaliers, on nous donna une escorte de quatorze hommes commandés par un lieutenant.

Nous envoyâmes un exprès à l'agence des Osages, pour faire part au jeune comte et à son ami de notre nouveau projet, et les inviter à nous accompagner. Cependant le comte ne pouvait chasser de sa pensée les délices qu'il s'était promises en menant une vie absolument sauvage. Il répondit qu'il consentait à marcher avec nous jusqu'à ce que nous eussions trouvé les traces des chasseurs Osages, et alors sa ferme résolution était de s'enfoncer, à leur poursuite, dans les déserts ; son fidèle Mentor, tout en grondant un petit, avait accédé à cette proposition extravagante. Un rendez-vous général fut indiqué pour le lendemain matin à l'agence, et chacun prit ses arrangemens pour un prompt départ. Un petit waggon avait jusqu'alors porté nos bagages ; mais nous allions être obligés de nous frayer une route à travers un pays inhabité, coupé de rivières, de bois, de ravins, où cette sorte de voiture eût été impossible à traîner après nous. Il nous fallait voyager à cheval, à la manière des chasseurs, avec le moins de charge possible ; nous nous réduisîmes donc au plus strict nécessaire. Une paire de sacoches suspendue à nos selles contenait notre succincte garderobe, et le grand manteau était roulé derrière nous. Le reste du matériel fut chargé sur des chevaux de somme. Chacun de nous avait une peau d'ours et une couple de couvertures de laine pour servir de lit et nous avions une tente pour nous abriter en cas de maladie ou de mauvais temps. Nous eûmes soin de nous pourvoir d'une assez bonne provision de farine, de café et de sucre, avec un peu de porc salé pour les cas urgens, notre principale subsistance devant être tirée de la chasse.

    Nous prîmes ceux de nos chevaux qui n'étaient pas trop fatigués de notre précédente course pour en faire des chevaux de bât, ou de ressource ; mais ayant à faire un long et pénible voyage, pendant lequel nous serions obligés de chasser et peut-être d'avoir des rencontres avec des sauvages ennemis, le choix de bons chevaux était essentiel à notre sûreté. Je m'en procurai un très beau et très fort, gris d'argent, un peu rétif, mais ardent et solide ; et je retins aussi un poney vigoureux que j'avais monté jusqu'alors, et qui demeura libre au milieu des bêtes de somme, pour se refaire, et se trouver prêt en cas de besoin à en remplacer un autre.

Tous les arrangemens faits, nous quittâmes le fort dans la matinée du 10 octobre, et traversant la rivière en face nous prîmes le chemin de l'agence. Une course de quelques milles nous conduisit au gué du Verdegris, site de rochers entremêlés d'arbres forestiers de l'aspect le plus agreste. Nous descendîmes sur le bord de la rivière et la traversâmes en formant une ligne prolongée et chancelante. Les chevaux allaient avec précaution d'un rocher à l'autre, et semblaient tâter le terrain avant de poser le pied dans ces ondes bouillonnantes.

Notre petit Français, Tony, qui formait l'arrière-garde avec les chevaux de bât, avait la joie au cœur, ayant obtenu une sorte d'avancement. Dans la première partie de notre voyage il avait conduit le waggon, emploi qu'il semblait regarder comme très inférieur ; et maintenant il était à la tête de la cavalerie, *grand connétable*, si vous voulez. Notre homme, perché comme un singe, derrière les paquets, sur l'un des chevaux, chantait, criait, aboyait à la façon des

Indiens, et de temps à autre il blasphémait contre les bêtes paresseuses.

Tandis que nous passions le gué, nous vîmes sur la rive opposée un Indien crick à cheval, qui s'était arrêté, pour nous reconnaître, sur le bord d'un rocher élevé : sa figure était un objet pittoresque parfaitement d'accord avec le paysage qui l'entourait. Il portait une chemise de chasse d'un bleu clair, bordée de franges écarlates, un mouchoir de couleurs vives et tranchantes était tourné autour de sa tête, à peu près comme un turban, l'un des bouts retombant sur son oreille ; et avec son long fusil il ressemblait à un Arabe en embuscade. Notre petit Français, loquace et toujours disposé à se mêler de tout, le héla dans son jargon babylonique, mais le sauvage ayant vu ce qu'il voulait voir, agita sa main en l'air, tourna bride, et galopant le long du rivage, disparut en un instant parmi les arbres.

———

CHAPITRE III.

Une agence indienne. — Riflemen (corps de rôdeurs ou batteurs de pays.) — Osages. — Cricks — Chasseurs. — Chiens. — Chevaux. — Métis. — Beatte-le-chasseur.

Quand nous eûmes passé la rivière, nous atteignîmes bientôt l'agence où le colonel Choteau tient ses bureaux et ses magasins pour l'expédition des affaires avec les Indiens et la distribution des présens, des subsides et des provisions nécessaires à ceux qui visitent les prairies. L'établissement, composé d'un petit nombre de maisons de bois (log-houses) construites sur le bord de la rivière, présentait le bizarre mélange d'une scène de frontières : là nous attendaient les hommes de notre escorte, quelques uns à cheval, d'autres se promenant ou s'amusant à tirer au blanc, d'autres encore assis sur des arbres tombés ; c'était une troupe vraiment hétérogène. Plusieurs avaient des habits taillés dans des couvertures de laine verte, d'autres portaient des chemises de chasse en cuir, mais la plupart étaient couverts de vêtemens merveilleusement usés et mal faits, évidemment endossés pour épargner à de meilleures hardes un rude service.

Près de ces hommes était un groupe d'Osages, à la mine imposante, aux formes classiques, simples et graves dans leur costume et leur maintien. Ils ne portaient aucun ornement, et tout leur habillement consistait en *blankets* (couvertures de laine) et en *mocassins* (brodequins). Ils avaient la tête nue, et les cheveux coupés très court, à l'exception d'une raie sur le sommet du crâne, qui faisait l'effet du cimier d'un casque, et d'une longue mèche à scalper, qui tombait par-derrière. La coupe de leurs traits était celle dite *romaine*, et comme leurs blankets était généralement tournées autour de leurs reins, de manière à laisser le buste et les bras nus, ils ressemblaient à de belles statues de bronze. Les Osages sont les Indiens les plus beaux et les mieux faits que j'aie jamais vus dans les régions de l'Ouest. Ils n'ont pas encore cédé à l'influence de la civilisation au point de quitter leurs habitudes de chasseurs et de guerriers, et leur pauvreté les empêche de déployer aucune espèce de luxe.

En parfait contraste avec ceux-ci paraissait, à quelque distance, un parti de Cricks, dans un brillant appareil. Au premier coup d'œil les hommes de cette tribu ont un aspect tout-à-fait oriental. Ils portent des chemises de chasse en calicot de couleurs vives et variées, ornées de franges, et serrées autour du corps par de larges ceintures enrichies de verroteries ; des guêtres de peau de daim préparée ou de drap écarlate ou vert, terminées par des jarretières brodées et des glands ; enfin des brodequins très curieusement travaillés, et ajustent avec assez de grâce autour de leur tête des mouchoirs de toutes sortes de nuances éclatantes.

Là se trouvait encore une foule bigarrée de chasseurs au piège et au tir, de métis, de nègres de tous les degrés, depuis l'octavon jusqu'au noir complet, enfin de toutes les autres espèces d'êtres sans nom, qui fourmillent autour des frontières entre la vie civilisée et la vie sauvage, de même que les chauves-souris, ces oiseaux équivoques, planent sur les confins de la lumière et des ténèbres.

Tout le petit hameau de l'agence était en mouvement. Le hangar du forgeron, en particulier, offrait une scène d'activité extraordinaire. Un nègre ferrait un cheval ; deux métis fabriquaient des cuillers de fer dans lesquelles on devait fondre le plomb pour faire des balles. Un vieux chasseur, en veste de cuir et en mocassin, avait posé son fusil contre l'établi, et contait ses exploits tout en surveillant l'opération. Plusieurs chiens énormes flânaient dans la forge et en dehors, ou dormaient au soleil, et un petit roquet, la tête penchée de côté et une oreille dressée, examinait avec la curiosité ordinaire aux petits chiens les procédés du maréchal, comme s'il avait eu l'envie d'apprendre son métier, ou qu'il eût attendu son tour pour être ferré.

Nous trouvâmes le comte et son compagnon le virtuose prêts à marcher : comme ils avaient l'intention de regagner les Osages et de passer quelque temps à chasser au buffle et au cheval sauvage, ils avaient ajouté à leurs montures de voyage, des chevaux de la meilleure espèce qu'on devait mener en lesse et ne monter que pour la chasse.

Ils avaient de plus engagé à leur service un métis français-osage, sorte de maître Jacques propre à la chasse, à la cuisine, à prendre soin des chevaux ; mais il joignait à ces talens variés une propension irrésistible à ne rien faire, commune à cette race mêlée, engendrée et nourrie autour des missions. Par-dessus tout cela, c'était un joli garçon, un Adonis de la frontière ; il était fier de ses avantages personnels, et plus encore d'être, à ce qu'il croyait, hautement allié, sa sœur étant la maîtresse d'un riche négociant blanc.

De notre côté, nous désirions aussi, le commissaire et moi, ajouter à notre suite un homme accoutumé aux courses dans les bois, et capable de nous servir comme chasseur ; car notre petit créole, chargé de la cuisine pendant les haltes et de la conduite des chevaux de bât pendant les marches, avait assez à faire. Un individu tel qu'il nous le fallait se présenta, ou plutôt nous fut recommandé dans la personne d'un certain Pierre Beatte, de race croisée d'Osage et de Français. On nous assura qu'il connaissait parfaitement le pays, l'ayant traversé dans toutes les directions en participant à des expéditions de chasse ou de guerre. Il pouvait nous être également utile comme guide et comme interprète, et passait pour un chasseur habile et déterminé.

Cependant sa mine me déplut quand il me fut d'abord désigné, tandis qu'il rôdait dans le hameau, vêtu d'une vieille veste de chasse avec des guêtres ou *métusses*, de peau de daim crasseuses, tachées, presque vernissées par un frottement longuement prolongé. Il n'annonçait pas plus de trente-six ans, et sa structure était carrée et forte ; ses traits n'étaient point mal, puisqu'ils étaient à peu près dans la forme de ceux de Napoléon : seulement les hautes pommettes indiennes donnaient à ceux-ci un caractère moins noble. Peut-être la teinte d'un jaune verdâtre de ce visage le faisait ressembler encore davantage à un buste en bronze de l'Empereur que j'avais vu autrefois ; mais à tout prendre sa physionomie était sombre et sournoise, et cette expression peu agréable était renforcée par un vieux chapeau de laine rabattu sur ses yeux, et des mèches de cheveux emmêlées qui retombaient le long de ses oreilles.

Telle était l'apparence de l'homme, et ses manières n'avaient rien de plus engageant : il était froid, laconique, ne faisait aucune promesse, ne se vantait d'aucun talent. Il nous dit à quelles conditions il consentirait à nous engager ses services et ceux de son cheval ; nous les trouvâmes dures ; mais il ne parut nullement disposé à en rabattre, et nullement empressé de s'assurer l'emploi qui s'offrait à lui. Il tenait un peu plus de l'homme rouge que du blanc, et j'avais appris depuis long-temps à me défier des métis, race inconstante et sans foi. Je me serais donc volontiers dispensé de la coopération de Pierre Beatte ; mais nous n'avions pas le temps de chercher une autre personne, et il fallut s'arranger avec lui sur-le-champ. Alors il nous dit qu'il allait faire ses préparatifs pour le voyage, et promit de nous rejoindre à notre campement du soir.

Une chose essentielle manquait à mon équipage pour les prairies : c'était un cheval sûr et docile. Je n'étais pas monté selon mon goût ; l'animal que j'avais acheté était fort, de bon service, mais sa bouche et son allure étaient dures. Au dernier moment, je réussis dans mes vues, et je me procurai une excellente bête, un bai brun, vif, généreux, puissant, et en très bon état. Je le montai en triomphe, et transférai le gris d'argent au petit Tonny, qui fut dans une extase complète de se voir en *parfait cavalier*.

CHAPITRE IV.

Le Départ.

Les notes prolongées d'un cor de chasse donnèrent le signal du départ. Les cavaliers défilaient un à un, formant une ligne serpentaire à travers les bois. Nous fûmes bientôt à cheval, et les suivîmes ; mais nous étions sans cesse arrêtés dans notre marche par l'irrégularité des mouvemens de nos bêtes de somme. Elles n'étaient pas accoutumées à garder leur rang, et s'écartaient de côté et d'autre dans les bosquets en dépit des juremens et des exécrations de Tony, qui, monté sur son gris d'argent avec un long fusil sur l'épaule, leur courait après en vomissant une surabondance d'injures auxquelles il joignait une surabondance de coups.

Nous perdîmes donc assez vite la vue de notre escorte ; mais nous tâchâmes de rester sur ses traces. Nous traversâmes de majestueuses forêts, des taillis presque impénétrables, et nous vîmes çà et là des wigwams indiens et des huttes de nègres, jusque vers le soir, où nous arrivâmes à une ferme frontière, propriété d'un colon nommé Berryhill. Cette ferme était située sur une colline au pied de laquelle nos cavaliers étaient campés dans un bosquet circulaire près d'un ruisseau. Le maître de l'habitation nous reçut poliment, mais ne put nous offrir l'hospitalité, car la maladie régnait dans sa famille. Lui-même, en dépit de ses formes athlétiques, paraissait en fâcheux état : il avait le teint blême, fiévreux, et une double voix qui passait brusquement d'un fausset tremblotant et sifflant à une basse sourde et rauque.

Sa maison étant un véritable hôpital encombré de malades, nous fîmes dresser notre tente dans la cour de la ferme.

Nous étions à peine campés lorsque nous vîmes paraître notre demi-Osage Beatte, monté sur un bon cheval, et en conduisant un autre en lesse, chargé de différentes provisions pour l'expédition. Beatte était évidemment un vieux soldat expérimenté, accoutumé et s'entendant à merveille à prendre soin de lui-même. Il se regardait comme attaché au gouvernement, étant employé par le commissaire, et il avait requis des rations de farine et de lard, et les avait mises à l'abri des injures du temps. Outre son cheval de voyage, il en avait un autre pour la chasse : celui-ci était, comme son maître, de sang mêlé, de la race domestique et de la race sauvage des prairies, un noble coursier plein de feu, de courage et d'une admirable sûreté. Beatte avait fait ferrer ses chevaux très solidement à l'agence ; bref il était préparé de tout point et pour la guerre et pour la chasse ; le fusil sur l'épaule, la poire à poudre et la giberne au côté, le couteau de chasse suspendu à sa ceinture, et des rouleaux de cordes accrochés à l'arçon de sa selle, que l'on nous dit être des *lariats* ou cordes à nœuds pour attraper les chevaux sauvages.

Ainsi équipé et muni, le chasseur des prairies comme le croiseur sur l'Océan est parfaitement indépendant du reste du monde, et capable de pourvoir seul à sa sûreté et à ses besoins. Il peut, s'il le juge à propos, se séparer de tous ses compagnons, et suivre sa propre fantaisie : il me sembla que Beatte sentait cette indépendance et se croyait en conséquence très supérieur à nous tous, surtout lorsque nous fûmes lancés dans les déserts. Il avait un air moitié fier moitié farouche et une singulière taciturnité. Son premier soin était toujours de décharger et de débrider ses chevaux, puis de les mettre en sûreté pour la nuit. Toute sa conduite formait un contraste parfait avec le petit créole français, babillard, hâbleur, se mêlant de tout. Ce dernier paraissait jaloux du nouveau-venu ; il nous disait à l'oreille que les métis étaient des gens capricieux, sur lesquels on ne pouvait pas compter ; que Beatte était visiblement préparé à se passer de notre assistance, et nous abandonnerait au premier mécontentement ; car il était comme chez lui dans les prairies.

CHAPITRE V.

Scènes de frontières. — Le Lycurgue des confins. — Loi de *Lynch*, — Danger de trouver un cheval. — Le jeune Osage.

Le lendemain, 11 octobre, nous étions en marche à sept heures et demie du matin, et nous avançâmes à travers de riches terrains d'alluvion, couverts d'une abondante végétation et d'arbres énormes. Notre route était parallèle à la rive occidentale de l'Arkansas, sur les bords de laquelle, et près du confluent de la Rivière-Rouge, nous espérions joindre le corps principal des cavaliers rôdeurs (rangers). Pendant plusieurs milles, des villages et des fermes habités par des Cricks se montraient encore de temps en temps. Ces Indiens paraissaient avoir adopté les rudiments de la civilisation et prospéré en conséquence ; leurs fermes étaient convenablement fournies, et leurs maisons annonçaient l'aisance. Nous rencontrâmes une troupe nombreuse de ces habitans qui revenaient de l'une de ces grandes fêtes dansantes, pour lesquelles leur nation est célèbre. Les uns étaient à pied, les autres à cheval, et plusieurs de ces derniers portaient en croupe des femmes vêtues de couleurs gaies, et brillamment parées à leur manière. C'est une belle race ; leurs muscles sont riches, leurs membres bien attachés ; ils ont surtout les jambes et les cuisses d'une proportion et d'une forme très élégantes.

Leur goût égyptien pour les teintes voyantes et les ornements éclatans est remarquable. À une certaine distance ils formaient un accident extrêmement pittoresque au milieu des prairies. L'un d'eux portait sur sa tête un mouchoir rouge surmonté d'une touffe de plumes noires, semblable à la queue d'un coq ; un autre était coiffé d'un mouchoir blanc avec des plumes rouges ; un troisième, faute de plumes, avait placé dans son turban un brillant bouquet de sumach.

Sur les confins du désert nous nous arrêtâmes pour demander notre chemin à la cabane d'un *squatter*[1] ou colon blanc des prairies. C'était un grand vieillard, sec, à la peau tannée, aux cheveux rouges, au visage long et caverneux, ayant l'habitude invétérée de cligner de l'œil en parlant comme s'il disait les choses les plus importantes ou les plus fines du monde. En ce moment il était furibond ; un de ses chevaux lui manquait, et il jurait ses grands dieux que ledit cheval avait été volé la nuit par un parti d'Osages qui campait dans les terres basses voisines ; mais il en aurait satisfaction, disait-il, et ferait un exemple des misérables ! À cet effet, il avait décroché de la muraille son grand fusil, cet universel redresseur des torts sur les frontières, et il se disposait à monter à cheval pour faire une battue dans les marais avec un autre squatter.

Nous essayâmes de calmer le vieux colon en lui disant que son cheval pouvait s'être lui-même égaré dans les bois ; mais comme tous les planteurs des frontières, celui-ci accusait généralement les Indiens de tous les accidens fâcheux, et rien ne put le dissuader d'aller porter le fer et la flamme dans les marais.

Après avoir fait quelques milles nous perdîmes les traces du corps principal des rôdeurs, et plusieurs sentiers pratiquée par les Indiens et les planteurs nous jetèrent dans la perplexité. Enfin, en arrivant à une maison de bois habitée par un blanc, le dernier de cette frontière, nous trouvâmes que nous nous étions éloignés de notre chemin, et retournâmes sur nos pas d'après les indications qui nous furent données par le squatter : il nous remit sur la voie de notre petite armée, et là nous prîmes définitivement congé des restes de la civilisation, et nous nous lançâmes dans les immenses déserts.

Les traces de nos cavaliers formaient une ligne irrégulière, sur des collines et des vallées, à travers des fourrés épais, des bosquets et des prairies découvertes. En traversant ces déserts, il est d'usage de marcher à la file comme les Indiens, en sorte que les premiers fraient le chemin à ceux qui les suivant, et diminuent ainsi leurs fatigues et leurs travaux. De cette manière, le nombre d'individus qui compose un parti est impossible à reconnaître, le tout ne laissant qu'une seule trace foulée et refoulée.

Nous venions de retrouver notre chemin lorsqu'en sortant d'une forêt, nous vîmes notre chevalier errant, clignotant, qui descendait une colline avec son frère d'armes. Son aspect me rappela les descriptions du héros de la Manche, et l'aventure après laquelle il courait était digne de son modèle, puisqu'il s'agissait de s'enfoncer dans un périlleux marécage où l'ennemi se tenait caché au milieu des joncs et des buissons.

Tandis que nous parlions avec le squatter, sur la pente de la colline, nous vîmes un Osage à cheval sortir du bois à un demi-mille de distance, conduisant un autre cheval par le licou : ce dernier fut à l'instant reconnu par notre ami à l'œil perçant pour celui qu'il cherchait. À mesure que l'Osage approchait, sa figure me parut de plus en plus frappante : il avait environ dix-neuf ans et les beaux traits communs à sa tribu ; sa *blanket,* roulée autour de ses reins, laissait voir un buste qu'un statuaire eût été heureux de copier ; il montait un superbe cheval pie, mêlé de blanc et de brun, de l'espèce sauvage des prairies ; sur le devant du large collier de cet animal était suspendue une touffe de crins teints en écarlate.

Ce jeune Indien s'avança lentement vers nous avec un air ouvert et bienveillant ; et nous fit entendre, par le moyen de notre interprète Beatte, que le cheval qu'il menait s'était égaré dans leur camp et qu'il allait le rendre à son maître. Je m'attendais à des expressions de reconnaissance de la part de notre cavalier à la mine hagarde ; mais à ma grande surprise, le vieux planteur se mit en furie, soutint que les Indiens avaient dérobé son cheval, la nuit, afin de le ramener le matin et d'obtenir une récompense, pratique, à ce qu'il prétendait, très ordinaire à ces gens-là. Il se disposait donc à lier le jeune sauvage à un arbre et à lui administrer des coups de fouet, et il fut surpris à l'excès de l'indignation générale que ce nouveau mode de récompenser un service excita en nous. Telle est cependant trop souvent la justice des frontières, du code *Lynch*, comme on l'appelle techniquement, dans lequel le plaignant peut être en même temps témoin, juré, juge et exécuteur, et le défendeur convaincu et puni sur de simples présomptions. C'est à cette source, j'en suis bien convaincu, que l'on doit attribuer la plupart de ces haines invétérées nourries par les Indiens contre les blancs, de ces sentimens de vengeance qui conduisent à des représailles cruelles dans les guerres. Quand je comparais le noble visage et les manières franches du jeune Osage avec la figure sinistre et la conduite brutale de l'homme des frontières, je sentais qu'il était facile de décider auquel des deux les coups de fouet eussent été le plus justement appliqués.

Se voyant obligé de se contenter de recouvrer son cheval sans y ajouter le plaisir de fouetter un sauvage, le vieux Lycurgue, ou plutôt le Dracon de la frontière, s'éloigna en grommelant, suivi de son acolyte.

À l'égard du jeune Osage, nous étions tous prévenus en sa faveur ; le comte surtout, avec la vive sensibilité de son âge et de son caractère, se prit d'une si grande amitié pour cet Indien qu'il crut impossible de se passer de l'avoir pour compagnon, pour écuyer dans son expédition. Le jeune homme se laissa facilement tenter, et avec la perspective d'une course sans dangers à travers les prairies des Buffles, et la promesse d'une *blanket* neuve, il tourna le dos au campement de ses amis, et consentit à suivre le comte dans sa recherche des chasseurs osages. Telle est la glorieuse indépendance de l'homme dans cet état. Ce jeune Indien, avec son fusil, sa blanket et son cheval, était prêt à courir le monde dans toutes les directions qu'il lui plairait de prendre. Il portait avec lui tous ses biens, et le secret de sa liberté personnelle consistait dans l'absence des besoins artificiels. Nous autres hommes civilisés, nous sommes bien moins esclaves des autres que de nous-mêmes ; les superfluités auxquelles nous sommes accoutumés sont des chaînes qui s'opposent à tous les mouvemens de notre corps et qui compriment toutes les impulsions de notre âme. Telles étaient du moins mes réflexions en ce moment ; mais je ne suis pas bien sûr qu'elles ne fussent pas un peu influencées par l'enthousiasme du jeune comte, qui, toujours plus enchanté de la chevalerie des prairies, parlait de prendre le costume et les habitudes des Indiens pendant le temps qu'il espérait passer avec les Osages.

---

1. ↑ *La Prairie* de Cooper a fait connaître ces colons isolés qui vont s'établir au milieu des solitudes incultes, souvent très loin des dernières agrégations de blancs. (N. D. T.)

CHAPITRE VI.

On trouve la trace des chasseurs Osages. — Départ du comte et de ses compagnons. — « Camp de guerriers abandonné. — Chien errant. — Le campement.

Dans le cours de la matinée, nous vîmes la trace que nous suivions croisée par une autre qui allait de la forêt à l'ouest, dans la direction de la rivière Arkansas. Beatte, notre métis, après avoir considéré un moment ces marques, déclara qu'elles indiquaient la route suivie par les chasseurs, après le passage de la rivière, pour se rendre à leurs territoires de chasse.

Ici le jeune comte et ses compagnons firent halte, et se préparèrent à nous quitter. Les hommes des frontières, les plus expérimentés, auraient reculé devant leur entreprise. Ils allaient se lancer dans les déserts sans autre guide, sans autre garde, sans autre suite qu'un jeune métis ignorant et un Indien encore plus jeune.

Ils étaient embarrassés d'un cheval de bât et de deux chevaux de rechange, et devaient avec tout cela se frayer un chemin dans les taillis les plus serrés, et traverser des rivières et des marais. Les Osages et les Pawnies étaient en guerre, et ils pouvaient tomber dans quelque parti des derniers, qui traitaient leurs ennemis avec férocité ; de plus, leurs beaux chevaux et leur petit nombre étaient de grands motifs de tentation, même pour les bandes errantes d'Osages qui maraudent aux environs des frontières, et qui pouvaient les laisser à pied et dévalisés au milieu des prairies.

Cependant rien ne pouvait calmer l'ardeur romanesque du comte pour une campagne de chasse aux buffles avec les Osages ; son instinct de chasseur était stimulé à l'idée seule du danger. Son compagnon de voyage, plus raisonnable par son âge et son caractère, était convaincu de la témérité de l'entreprise ; mais ne pouvant modérer le zèle impétueux de son jeune ami, il était trop loyal pour le laisser poursuivre seul des plans si hasardeux. Ainsi donc nous les vîmes, à notre grand regret, abandonner la protection de notre escorte et commencer leur expédition chanceuse. Les vieux chasseurs de notre bande hochaient la tête, et notre métis leur prédisait toutes sortes d'événemens fâcheux. Mon seul espoir était qu'ils trouveraient bientôt assez d'empêchemens pour refroidir l'impétuosité du comte et l'induire à nous rejoindre ; dans cette pensée, nous allâmes plus lentement et fîmes une longue halte à midi.

Peu après avoir repris notre marche, nous arrivâmes en vue de l'Arkansas, large et rapide courant bordé par une rive de sable fin, couverte de saules et de cotonniers-arbres. Au-delà de la rivière, l'œil se perdait sur une belle campagne de plaines fleuries et d'éminences doucement arrondies, diversifiée par des bosquets et des bouquets d'arbres, et terminée par un long rideau de coteaux boisés ;

le tout donnait l'idée de la culture complète, même ornée, et nullement celle d'un désert agreste.

Non loin de la rivière, sur une éminence découverte, nous passâmes à travers un camp d'Osages récemment abandonné par ses guerriers. Les cadres des tentes, ou wigwams, formés de morceaux de bois, couchés en arc, et fichés en terre à chaque extrémité, restaient encore ; on remplit les interstices de ces bois avec des rameaux et des branches, et l'on recouvre le tout avec des écorces et des peaux.

Ceux qui connaissent les mœurs des Indiens peuvent déterminer à quelle tribu un camp appartient, et s'il a servi à des chasseurs ou à des guerriers, d'après la forme et la disposition des wigwams. Beatte nous montra, dans ce squelette de camp, le wigwam dans lequel les chefs conféraient, autour du feu du conseil, et une arène bien battue sur laquelle on avait exécuté la danse de guerre.

En traversant une forêt nous rencontrâmes ensuite un chien égaré et à demi mort de faim, qui se traînait sur la trace que nous suivions nous-mêmes, avec des yeux enflammés et un air complètement effarouché : bien qu'il eût été presque écrasé par les premiers cavaliers, il ne prit garde à rien, et continua de courir au milieu des chevaux d'un pas incertain. Le cri de *chien enragé* s'éleva tout à coup et le fusil d'un rôdeur dirigé contre l'animal ; mais l'humanité du commissaire, toujours prête à s'exercer, l'arrêta ; il est aveugle, dit-il, c'est le chien de quelque pauvre Indien qui suit son maître à la piste ; ce serait une honte de tuer une créature si fidèle. L'homme remit son fusil sur son épaule ; le chien se faufila étourdiment à travers la cavalcade sans recevoir le moindre mal, et continua sa course en flairant toujours le long des traces ; rare exemple d'un chien survivant à un mauvais soupçon.

Vers trois heures nous arrivâmes au campement récent d'une compagnie de rôdeurs ; les tisons fumaient encore dans un de leurs feux, en sorte que suivant l'opinion de Beatte ils devaient avoir été là un seul jour avant nous. Comme un beau ruisseau coulait près de cet emplacement, et qu'il y croissait une grande abondance de pois-vigne pour les chevaux, nous y établîmes le camp de nuit. À peine avions-nous terminé nos arrangemens que nous entendîmes crier sur nous au loin, et nous vîmes bientôt après le jeune comte et sa compagnie s'avancer à travers la forêt. Nous leur souhaitâmes la bien-venue avec la joie la plus cordiale, car leur départ nous avait laissés dans une grande inquiétude. Une courte expérience les avait convaincus de la difficulté et des dangers auxquels des voyageurs inexpérimentés s'exposaient en s'aventurant dans ces solitudes avec tant de chevaux et si peu d'hommes. Heureusement ils avaient pris la résolution de revenir avant la fin du jour, car une nuit passée à l'air les eût peut-être privés de leurs chevaux.

Le jeune comte avait décidé son protégé et écuyer, le jeune Osage, à rester avec lui, et il espérait toujours, avec son assistance, se distinguer par de grands exploits sur les prairies des Buffles.

CHAPITRE VII.

Nouvelles du corps d'armée. — Le comte et son écuyer sauvage. — Halte dans les bois. — Scène de forêt. — Village osage. — Visite des Osages à notre camp.

Ce matin, 12 octobre, de très bonne heure, les deux Cricks dépêchés par le commandant de Fort-Gibson pour arrêter la marche de la compagnie de cavaliers explorateurs, arrivèrent, en retournant de leur mission, à notre campement. Ils avaient laissé la troupe, campée à environ cinquante milles, dans un bel emplacement sur l'Arkansas, très abondant en gibier, où elle se proposait de nous attendre. Cette nouvelle ranima notre courage, et nous commençâmes la journée au lever du soleil avec une joyeuse ardeur.

En montant à cheval, notre jeune Osage tenta de jeter une couverture sur son cheval ; le bel animal, surpris, effrayé, se mit à ruer, à se cabrer. Les attitudes du cheval sauvage et de l'homme sauvage, presque nu, auraient offert des études délicieuses à un peintre ou à un sculpteur.

J'ai souvent pris plaisir, dans le cours de notre voyage, à regarder le jeune comte et son nouveau suivant tandis qu'ils marchaient devant moi. Jamais *preux chevalier* ne fut mieux assorti à son écuyer. Le comte était bien monté, et, comme je l'ai déjà dit, c'était un gracieux et hardi cavalier ; il aimait à faire caracoler son cheval, et à le lancer avec toute la vivacité d'une jeunesse bouillante. Il portait une veste de chasse en peau de daim d'une coupe élégante et d'un beau violet, richement brodée en soie de diverses couleurs ; on eût dit que ce travail avait été fait par une princesse sauvage pour parer un guerrier favori ; il avait de plus des pantalons et des mocassins de peau, un bonnet de chasseur, et un fusil à deux coups soutenu par une bandoulière en travers de son dos, et l'ensemble de sa personne était extrêmement pittoresque.

Le jeune Osage suivait ses traces le plus près possible sur son beau cheval sauvage tacheté, orné de touffes de crins écarlate. Il allait, avec sa belle tête et son beau buste entièrement nus, sa blanket étant roulée autour de sa ceinture ; d'une main il tenait son fusil, de l'autre il menait son cheval, et semblait tout prêt à s'élancer, au moindre signe de son jeune chef, à la poursuite des aventures les plus désespérées. Le comte se flattait d'achever de nobles exploits, de concert avec ce jeune brave, aussitôt que nous serions arrivés parmi les buffles des territoires de chasse des Pawnies.

Après avoir chevauché quelque temps, nous traversâmes un ruisseau étroit et profond sur un pont solide, reste d'une digue de castors. L'industrieuse république qui l'avait bâtie avait été entièrement détruite. Au-dessus de nous une longue volée d'oies sauvages, très élevée dans les airs, faisait entendre ces clameurs discordantes qui annoncent le déclin de l'année.

Vers dix heures et demie, nous fîmes halte dans une forêt où les *pois-vignes* croissaient en abondance ; là nous laissâmes nos chevaux paître en liberté. On alluma du feu, on se procura de l'eau d'un ruisseau adjacent, et, par les soins de notre petit Français Tony, on nous servit bientôt le café. Tandis que nous déjeunions, nous reçûmes la visite d'un vieillard osage ; il faisait partie d'une petite troupe de chasseurs qui avait récemment passé par ce chemin, et il cherchait son cheval égaré ou volé. Notre métis Beatte fronça le sourcil en apprenant que les chasseurs osages étaient dans les environs. « Tant que nous serons à proximité de ces chasseurs, dit-il, nous ne verrons pas un buffle : tous les animaux fuient devant eux comme devant une prairie en feu. »

Le repas du matin fini, chacun s'amusa selon sa fantaisie : les uns tiraient sur une marque ; d'autres se reposaient ou dormaient à moitié ensevelis dans des lits de feuillage et la tête appuyée sur leur selle ; d'autres babillaient autour du feu qui envoyait des guirlandes de fumée bleuâtre à travers les branches de l'arbre au pied duquel on l'avait allumé. Les chevaux trouvaient un *régal magnifique* dans les pois grimpants, et plusieurs s'étaient couchés et se roulaient au milieu de cette chevance.

De grands arbres, dont les tiges étaient droites et unies comme de belles colonnes, nous servaient d'abri, et les rayons du soleil, en pénétrant à travers leurs feuilles transparentes déjà peintes des couleurs variées de l'automne, me rappelaient l'effet de la lumière du jour sur les vitraux coloriés et les faisceaux de colonnes d'une cathédrale gothique. Quelques-unes de nos vastes forêts de l'Ouest éveillent réellement des émotions de grandeur, de solennité, semblables à celles que j'ai éprouvées sous les voûtes de ces vénérables et spacieux édifices ; et le bruit du vent remplace fréquemment, dans les premières, les sons majestueux de l'orgue, qui s'accordent si bien avec l'impression produite par les secondes.

À midi on sonna à cheval, et nous nous mîmes en route, dans l'espoir d'arriver avant la nuit au camp des rôdeurs, le vieil Osage nous ayant assurés que nous en étions à dix ou douze milles au plus. En traversant une forêt, nous passâmes à côté d'un étang couvert de lis d'eau magnifiques, parmi lesquels nageaient des canards des bois, la plus belle espèce d'oiseaux aquatiques, remarquable surtout par son brillant et gracieux plumage. Un peu plus loin, nous descendîmes sur les bords de l'Arkansas, à une place où les traces d'un grand nombre de chevaux, tous entrant dans l'eau, montraient qu'un parti de chasseurs osages avait, depuis peu, traversé la rivière en cet endroit pour se rendre aux territoires des Buffles.

Nous laissâmes nos chevaux boire dans le courant, et longeâmes la rive pendant quelque temps, puis nous coupâmes la prairie où nous apercevions au loin une fumée qui devait (nous l'espérions du moins) provenir du camp de nos gens. En suivant ce que nous prenions pour leurs traces, nous arrivâmes à un pré sur lequel paissaient une assez grande quantité de chevaux ; mais ce n'étaient pas ceux de la troupe que nous cherchions ; et nous vîmes, à une petite distance, un village osage construit sur les bords de l'Arkansas. Notre arrivée fit sensation. Une députation de vieillards vint au-devant de nous ; ils nous prirent la main à tous, l'un après l'autre, et pendant ce temps-là, les femmes et les enfans se rassemblaient en groupes serrés, nous regardaient fixement, et babillaient entre eux à qui mieux mieux, probablement sur nos figures, qu'ils paraissaient trouver risibles.

À cette occasion le commissaire jugea convenable de faire un discours sans descendre de cheval. Il fit part à ses auditeurs du but de sa mission, qui était de travailler à pacifier les tribus de l'Ouest ; et il les exhorta, dans cette vue, à repousser toute pensée belliqueuse, sanguinaire, et à ne point commettre d'inutiles hostilités envers les Pawnies. Ce discours, interprété par Beatte, sembla produire quelque effet sur cette multitude : tous promirent solennellement de ne point troubler la paix, autant que cela pourrait dépendre d'eux ; et leur âge et leur sexe donnaient assez de raisons de compter sur cette promesse.

Toujours espérant gagner le camp avant la fin du jour, nous continuâmes notre marche jusqu'à la fin du crépuscule, et nous fûmes alors forcés de faire halte sur les bords d'un ravin. Les gens de l'escorte bivouaquèrent sous les arbres au fond du vallon, et nous plantâmes notre tente sur une éminence rocailleuse, à côté d'un petit torrent. La nuit vint, obscure et chargée de nuages flottans qui promettaient bientôt de la pluie ; les feux de nos cavaliers éclairaient le ravin, et jetaient de fortes masses de lumière sur des groupes dignes du pinceau de Salvator, et activement occupés à préparer leur souper, à manger et à boire. Pour ajouter à l'aspect sauvage de la scène, plusieurs Indiens du hameau près duquel nous venions de passer, se mêlaient parmi nos hommes ; et trois d'entre eux vinrent s'asseoir près de notre feu. Ils observaient en silence tout ce qui se faisait autour d'eux, et leur immobilité leur donnait l'apparence de figures sépulcrales en bronze. Nous leur donnâmes quelque chose à manger, et, ce qui leur fut encore plus agréable, du café ; car les Indiens partagent le goût universel de ce breuvage si prédominant dans l'Ouest. Quand ils eurent soupé, ils s'étendirent, côte à côte, devant le feu, et commencèrent un chant nasal, en tambourinant avec leurs doigts sur leur poitrine en manière d'accompagnement. Leur chant paraissait divisé en couplets réguliers qui se terminaient tous, non par une mélodieuse cadence, mais par la soudaine interjection *ah !* proférée presque en forme de hoquet. Beatte nous dit que leur chanson se rapportait à nous, à notre apparition, au bon traitement que nous leur avions fait, et à ce qu'ils savaient de nos projets. Dans une partie de la ballade, ils parlaient du jeune comte, qui avait complètement gagné leur suffrage par son caractère déterminé et son amour pour les aventures indiennes ; ils se permettaient même quelques plaisanteries prophétiques sur notre ami et leurs jeunes beautés, et ces plaisanteries excitèrent une grande hilarité parmi les métis.

Ce mode d'improvisation est commun à toutes les tribus sauvages. C'est ainsi qu'avec un petit nombre d'inflexions de la voix ils chantent leurs exploits à la chasse et à la guerre, et parfois se laissent entraîner à une verve comique ou satirique, moins rare chez ces peuples qu'on ne l'imagine généralement.

Il est de fait que les Indiens avec lesquels je me suis rencontré dans la vie réelle sont tout-à-fait différens des Indiens décrits par les poètes. Ce ne sont point les *stoïques du désert..., taciturnes, inflexibles ;... sans sourire, sans larmes.*[1].

Ils sont réellement taciturnes avec les blancs dont ils ignorent le langage, et les blancs sont également taciturnes avec eux par la même raison. Les Indiens n'ont pas même entre eux beaucoup de causeries proprement dites ; le temps qu'ils passent ensemble et en repos est employé, soit à concerter leurs expéditions, soit à conter d'étranges et merveilleuses histoires. Mais ils sont en général excellens mimes, et se divertissent fort souvent aux dépens des blancs avec lesquels ils ont frayé, et qu'ils ont laissés persuadés de leur profond respect pour notre supériorité. Rien n'échappe à leur attention curieuse ; ils observent tout silencieusement, échangeant un regard ou un grognement significatif entre eux, lorsqu'ils sont particulièrement frappés de quelque chose ; mais ils réservent leurs commentaires pour le moment où ils seront seuls : c'est alors qu'ils donnent carrière à leur verve caustique, bouffonne, à leur talent pour contrefaire, et à leur gaîté ;

Dans le cours de mon voyage, j'ai pu remarquer en plus d'une occasion à quel point ils sont susceptibles de s'animer, de s'égayer en communiquant ensemble. Souvent j'ai vu une petite troupe d'Osages rester assis autour d'un feu jusqu'à une heure très avancée de la nuit, engagés dans une conversation vive et agréable, et faisant retentir les bois à chaque instant de leurs joyeux éclats de rire.

Quant aux larmes, elles ne leur manquent point, soit réelles, soit affectées. Aucun peuple ne pourrait lutter avec eux s'il s'agissait de pleurer abondamment et amèrement la perte d'un parent ou d'un ami ; ils ont même des époques fixes auxquelles ils doivent aller hurler et se lamenter sur la tombe des défunts. J'ai entendu quelquefois des gémissemens douloureux, au point du jour, dans le voisinage des villages indiens : on me dit que ces lamentables sons provenaient de quelques habitans du hameau qui sortaient à cette heure pour aller dans les champs pleurer leurs morts. En ces momens les larmes coulent par torrens sur leurs joues.

Autant que je puis en juger, l'Indien des poètes est, comme le berger des églogues, un être de raison, une personnification d'attributs imaginaires.

Le chant nasal de nos hôtes se changea graduellement en murmures confus, et cessa enfin tout-à-fait. Ils se couvrirent la tête de leurs blankets, et s'endormirent profondément. Au bout de quelques minutes le silence fut complet autour de nous ; et le bruit des gouttes de pluie tombant sur notre tente se faisait seul entendre au dehors.

Le lendemain matin, nos trois visiteurs indiens déjeunèrent avec nous ; mais on ne trouva point le jeune Osage qui devait servir d'écuyer au comte dans sa campagne de chevalier errant ; on ne trouvait pas non plus le cheval pie : et après mille conjectures, on fut obligé de s'arrêter à l'idée que le jeune chasseur avait pris congé de nous à la sauvage, pendant la nuit. Nous sûmes par la suite qu'il avait été persuadé d'agir ainsi par les Osages avec lesquels nous nous étions rencontrés, lesquels lui avaient représenté le danger d'une expédition sur les territoires des Pawnies, où il pouvait tomber dans les mains de ces ennemis implacables de sa tribu : ils n'insistèrent pas moins sur l'ennui d'être assujetti aux caprices et à l'insolence des blancs ; et j'avais pu moi-même reconnaître combien leurs notions étaient justes à cet égard, et quelle tendance nous avons à traiter ces pauvres Indiens aussi durement que s'ils n'appartenaient pas à notre espèce. Celui-ci avait manqué de bien peu d'être un exemple de cette injustice attribuée aux blancs ; car, sans notre intervention, il aurait subi une flagellation cruelle, en vertu de la loi des frontières, pour le flagrant délit d'avoir trouvé un cheval.

La disparition de ce jeune homme fut généralement regrettée : nous aimions tous sa belle mine, franche et résolue, et la grâce naturelle de ses manières : on pouvait dire qu'il était *né gentilhomme* dans l'acception littérale du mot. Cependant personne ne s'affligeait de son départ autant que le comte, qui se voyait ainsi privé de son écuyer. Quant à moi, je fus fâché de la désertion de l'Osage, par rapport à lui-même ; nous l'aurions, très certainement, soigné et protégé pendant l'expédition, et la générosité du comte m'était assez connue pour être persuadé que le sauvage serait retourné à sa tribu chargé de toutes sortes de présens.

---

1. ↑ Allusions au poëme célèbre de Thomas Campbell : *Gertrude de Wyoming*.

CHAPITRE VIII.

Le camp des Rangers (Rôdeurs).

Le temps, qui avait été pluvieux pendant la nuit, s'éclaircit enfin, et nous nous mîmes en route à sept heures du matin dans la ferme confiance d'arriver très prochainement au camp des Rangers. À peine avions-nous fait trois à quatre milles que nous vîmes sur notre chemin un grand arbre récemment tombé sous la hache, car le miel contenu dans les crevasses du tronc n'était pas encore complètement enlevé. Alors nous fûmes certains que nos gens n'étaient pas loin. En effet, à une distance d'un ou deux milles, quelques-uns de nos cavaliers jetèrent un cri de joie, et nous indiquèrent des chevaux qui paissaient sous des arbres. Quelques pas nous conduisirent sur les bords d'une chaîne de collines d'où nos regards plongèrent sur le campement. C'était une véritable scène de bandits ou de braconniers, à la Robin-Hood. Dans une belle forêt ouverte, traversée par un ruisseau rapide, des cahutes d'écorces et de branches, et des tentes formées par des blankets, avaient offert des abris temporaires contre la pluie récente, les Rangers ayant coutume de bivouaquer quand il fait sec. On voyait là des groupes, vêtus de toutes sortes d'habits singuliers, et occupés de mille travaux divers.

Les uns faisaient la cuisine à de grands feux allumés au pied des arbres ; d'autres étendaient et apprêtaient des peaux de daim ; un grand nombre tiraient au but, et quelques autres étaient couchés sur l'herbe. Ici des pièces de venaison étaient suspendues sur des broches au-dessus des tisons ; là on voyait des bêtes mortes récemment apportées par les chasseurs. Des faisceaux de fusils étaient appuyés contre les arbres, et des selles, des brides, des poires à poudre pendaient au-dessus d'eux, tandis que les chevaux broutaient çà et là parmi les bosquets.

On nous salua par des acclamations à notre arrivée : les Rangers se pressèrent autour de leurs camarades pour demander les nouvelles du fort. Quant à nous, le capitaine Bean, qui commandait la compagnie, nous reçut avec la simple et franche cordialité des chasseurs. C'était un homme d'environ quarante ans, vigoureux et agile. Il avait passé la plus grande partie de sa vie sur la frontière, servant occasionnellement dans les guerres des Indiens, et par conséquent grand chasseur, et parfaitement au fait de tout ce qui concerne la sauvage existence des bois et des prairies incultes. Son costume était caractéristique : c'était une chemise de chasse et des guêtres de cuir avec un bonnet de fourrageur.

Tandis que nous causions avec le capitaine, un chasseur vétéran s'approcha, et son extérieur attira mon attention. Il était d'une stature moyenne, mais fort et endurci par l'exercice ; sa tête à demi chauve était parsemée de mèches flottantes de cheveux gris de fer, et ses beaux yeux noirs étincelaient encore du feu de la jeunesse ; son costume, semblable à celui du capitaine, semblait avoir seulement plus de service ; une poire à poudre était suspendue à son côté, un couteau de chasse passé dans sa ceinture, et il avait en main un ancien et bon fusil, probablement aussi cher à son cœur que le meilleur de ses amis. Il demanda la permission d'aller à la chasse, et son chef la lui accorda sans difficulté. « C'est le vieux Ryan, » dit le capitaine. Quand l'homme se fut éloigné, « Nous n'avons pas de meilleur chasseur dans la compagnie. Jamais il ne manque de rapporter du gibier. »

En un moment nos chevaux furent déchargés, débridés et laissés en liberté de se régaler au milieu des pois grimpans. On dressa la tente. On nous fit du feu ; le capitaine nous avait envoyé la moitié d'un daim de sa cahute ; Beatte apporta une couple de dindons sauvages ; les broches furent chargées, le chaudron de campagne rempli de viande, et pour comble de luxe un des cavaliers nous gratifia d'un grand bassin plein de miel délicieux enlevé à un arbre d'abeilles. Tony était en extase, et retroussant ses manches au-dessus du coude, il se mit en devoir de déployer ses talens culinaires, dont il était presque aussi fier que de ses exploits à la chasse et à la guerre, et de son habileté comme écuyer.

CHAPITRE IX.

Chasse aux abeilles.

La belle forêt dans laquelle nous étions campés abondait en arbres d'abeilles, c'est-à-dire en arbres dont le tronc, creusé par le temps, servait de ruche à ces insectes. Il est surprenant de voir quelle prodigieuse quantité d'essaims de ces mouches se sont répandus parmi les régions avancées de l'Ouest, dans un petit nombre d'années. Les Indiens les regardent comme annonçant la présence des blancs, de même que les buffles annoncent la présence des hommes rouges ; et ils disent qu'à mesure que les abeilles avancent, le buffle et l'Indien se retirent. En effet, nous associons toujours avec le bourdonnement des abeilles des idées de fermes ou de parterres, et ces petits animaux industrieux sont en effet liés aux habitations des hommes qui cultivent la terre. On m'a dit qu'il était rare de trouver l'abeille sauvage à une grande distance de la frontière : elles ont été les hérauts de la civilisation, en la précédant constamment dans sa marche depuis les bords de l'Atlantique. Quelques anciens planteurs de l'Ouest prétendent avoir noté l'année où les mouches à miel traversèrent pour la première fois le Mississipi. Les Indiens virent alors avec surprise les arbres creux de leurs forêts, subitement remplis d'une substance parfumée, et rien n'égale, à ce que j'ai ouï dire, le délice avec lequel ils goûtèrent cette friandise gratuite, ce luxe des déserts.

Maintenant les mouches à miel essaiment par myriades innombrables dans les nobles forêts et dans les bois qui bornent et coupent les prairies, et s'étendent le long des terrains d'alluvion des rivières de l'Ouest. Il me semble que ces belles régions répondent exactement à la description de la terre promise, sur laquelle *coulent des ruisseaux de lait et de miel* ; car les riches pâturages des prairies peuvent nourrir des troupeaux aussi nombreux que les sables de la mer, et les fleurs dont elles sont émaillées en font un vrai paradis où l'abeille recueille sans peine son nectar précieux.

Bientôt après notre arrivée au camp, un parti se détacha pour aller à la recherche d'un arbre d'abeilles, et comme j'étais fort curieux de cette chasse, j'acceptai avec joie l'invitation de m'y joindre. La troupe était commandée par un vieux chasseur d'abeilles, grand homme maigre, en habits de fabrique domestique, trop larges pour ses membres desséchés, avec un chapeau de paille qui ne ressemblait pas mal à une ruche ; un camarade chargé d'un long fusil et à peu près aussi négligé dans sa toilette, marchait sur les pas du premier ; et une douzaine d'autres les suivaient, portant des haches ou des fusils ; car personne ne s'éloigne d'un camp sans armes à feu, afin d'être prêt en cas de rencontre, soit de gibier, soit d'ennemis.

Après avoir marché quelque temps, nous arrivâmes à une clairière sur la lisière de la forêt. Là notre chef nous fit faire halte, et s'avança doucement vers un buisson peu élevé, sur la cime duquel j'aperçus un fragment de rayon. C'était un appât pour les abeilles : et déjà un certain nombre de ces insectes l'explorait et pénétrait dans ses cellules. Quand elles se furent suffisamment chargées de miel, elles s'élevèrent très haut, et prirent leur vol en droite ligne avec une vélocité presque égale à celle d'une balle. Les chasseurs examinèrent attentivement la direction qu'elles prenaient, et la suivirent en se frayant le chemin à travers des racines entrelacées et des arbres tombés, les yeux toujours tournés vers le ciel. De cette manière ils ne perdirent point la trace des abeilles chargées, et les virent arriver à leur ruche, pratiquée dans le creux d'un chêne mort ; elles entrèrent après avoir bourdonné autour, un moment, dans un trou situé à plus de soixante pieds au-dessus du sol.

Deux chasseurs d'abeilles usèrent alors vigoureusement de leur hache au pied de l'arbre ; les simples spectateurs et amateurs se tenaient cependant à une distance respectueuse pour être à l'abri de la chute de l'arbre et de la vengeance de ses habitans. Cependant les coups de hache ne paraissaient nullement effrayer ni inquiéter l'industrieuse communauté. Elles continuaient de vaquer à leurs travaux accoutumés, les unes arrivant au port avec leurs cargaisons, les autres sortant pour de nouvelles expéditions, à peu près comme les navires marchands, dans le port d'une grande ville de commerce, entrent et sortent sans se douter des banqueroutes et des déconfitures qui les attendent ; même un violent craquement qui annonçait la rupture du tronc ne les détourna point de leur intense poursuite du gain. Enfin l'arbre tomba avec un horrible fracas et s'ouvrit du haut en bas, laissant à découvert les trésors accumulés de la république.

Un des chasseurs accourut à l'instant avec un paquet de foin allumé pour se défendre des mouches. Cependant elles n'attaquèrent point, ne cherchèrent point à se venger : elles semblaient stupéfaites, et voletaient, couraient autour des ruines de leur empire en bourdonnant, sans songer à nous faire le moindre mal. Chacun se mit à l'œuvre, pour retirer du tronc, avec des cuillers et des couteaux de chasse, les rayons de miel qu'il contenait. Plusieurs étaient d'un brun foncé et d'ancienne date ; d'autres étaient d'un beau blanc, et le miel de leurs cellules était presque limpide. Les rayons entiers furent mis dans des bidons pour être transportés au camp ; et ceux qui avaient été brisés dans la chute furent dévorés sur la place. On voyait tous ces rustiques chasseurs d'abeilles, tenant chacun un riche fragment qui dégouttait entre leurs doigts, et disparaissait aussi vite qu'une tarte à la crème disparaît devant l'appétit du dimanche d'un écolier.

Et le chasseur d'abeilles ne profitait pas seul de la ruine de cette industrieuse communauté. Pour compléter l'analogie de leurs habitudes à celles des hommes laborieux et avides de gain, ces mouches ne négligent point de s'enrichir par le malheur de leurs semblables : je vis arriver à tire d'ailes un grand nombre d'essaims des ruches voisines qui se plongèrent dans les cellules des rayons brisées avec la joyeuse avidité de riverains se jetant sur un bâtiment naufragé, puis s'envolèrent chargées de butin. À l'égard des propriétaires de la ruine, elles ne paraissaient avoir cœur à rien, pas même à goûter au nectar qui coulait autour d'elles ; mais on les voyait se traîner tristement et nonchalamment, comme j'ai vu parfois un pauvre malheureux regarder, les mains dans ses poches, en sifflant, d'un air distrait et découragé, les décombres de sa maison incendiée.

Il est difficile de décrire l'ébahissement, la confusion des abeilles de la ruche en banqueroute, qui se trouvaient absentes lors de la catastrophe, et arrivaient de temps en temps avec leur cargaison. D'abord, elles décrivaient des cercles en l'air autour de l'ancienne place de l'arbre, étonnées de la trouver vide. Enfin, comme si elles comprenaient leur désastre, elles se rassemblaient en groupes sur une branche desséchée d'un arbre voisin, et semblaient de là contempler la ruine gisante et se lamenter sur la destruction de leur empire. C'était une scène sur laquelle le mélancolique Jacques aurait pu moraliser pendant des heures entières.

Alors nous quittâmes la place, laissant encore beaucoup de miel dans le creux de l'arbre. « Il sera tout emporté par la *vermine,* dit l'un des chasseurs.

— Quelle vermine ? dis-je.

— Oh, les ours, les racoons, les opossums ! Les ours sont les *vermines* les plus habiles du monde pour découvrir un arbre d'abeilles et en tirer parti ; ils vous le rongent pendant plusieurs jours, et finissent par y faire un trou assez large pour y passer leurs pattes ; et alors ils emportent le miel, les mouches, et tout ! »

CHAPITRE X.

Amusemens du camp. — Un conseil. — Pitance ordinaire et dessert du chasseur. — Scènes du soir. — Musique nocturne. — Sort uneste d'un hibou amateur de musique.

À notre retour au camp nous y vîmes régner une grande hilarité ; c'était le moment de la récréation, et les cavaliers se livraient à divers amusemens : ils tiraient au blanc, sautaient, luttaient, jouaient aux barres. La plupart étaient de très jeunes gens, à leur première campagne, remplis d'espérance, de force, d'activité. Rien n'est plus propre à enflammer le cœur de la jeunesse que cette vie de forêts, à travers ces solitudes magnifiques, abondantes en gibier et non moins fertiles en aventures. Nous envoyons nos jeunes gens en Europe, où ils deviennent efféminés, où ils contractent des habitudes de luxe et de mollesse ; il vaudrait mieux, ce me semble, les faire voyager dans les prairies ; ils en rapporteraient des dispositions plus mâles, plus indépendantes, plus conformes aux mœurs exigées par nos institutions politiques. Tandis que les jeunes soldats s'amusaient de ces jeux bruyans et guerriers, un groupe plus grave, composé du capitaine, du docteur et de quelques autres sages ou principaux officiers du camp, était assis sur l'herbe autour d'une carte de la frontière, tenant conseil sur notre position et sur la route que nous devions suivre.

Notre plan était de passer l'Arkansas au-dessus du confluent de la rivière Rouge, ensuite d'aller dans la direction de l'ouest, en traversant une grande forêt ouverte nommée *Cross-Timber*, ou bois transversal qui s'étend presque du nord au sud, depuis l'Arkansas jusqu'à la Rivière Rouge, après quoi nous devions nous diriger au sud vers la dernière de ces rivières.

Notre métis Beatte, en sa qualité de chasseur osage expérimenté, fut appelé au conseil. « Avez-vous chassé quelquefois dans cette direction ? lui dit le capitaine.

— Oui, répondit-il laconiquement.

— Peut-être pourrez-vous nous dire alors dans quelle direction se trouve le confluent de la Rivière Rouge ?

— Si vous suivez les bords de la prairie où nous sommes, vous arriverez à une colline dépouillée sur laquelle est un monceau de pierres.

— J'ai remarqué cette colline en chassant dans ces parages, dit le capitaine.

— Eh bien, ces pierres sont une marque faite par les Osages ; de ce point vous verrez le confluent de la Rivière Rouge.

— En ce cas nous arriverons demain matin à ce confluent, s'écria le capitaine, et puis nous traverserons l'Arkansas un peu au dessus ; nous serons dans le pays des Pawnies, et dans deux jours nous ferons craquer les os des buffles. »

L'idée d'arriver sur les terres aventureuses des Pawnies et d'être enfin sur les traces des buffles produisit l'effet d'une étincelle électrique. En ce moment notre conférence fut interrompue par le bruit d'un fusil tiré non loin du camp.

« C'est le fusil du vieux Ryan, s'écria le capitaine ; il y a un daim ou un chevreuil par terre, j'en réponds. » Il ne se trompait pas : quelques momens après, le vétéran parut, appelant un des plus jeunes cavaliers à retourner avec lui pour l'aider à rapporter la bête.

Le pays environnant abondait en gibier, et notre camp était amplement approvisionné ; de plus, personne ne manquait de dessert, car on avait abattu au moins vingt arbres d'abeilles. C'était un festin continuel, et pas un ne songeait à garder quelque chose pour le lendemain. La cuisine était traitée en style de chasseur : les viandes, piquées sur des broches pointues en bois de chien, dont les extrémités étaient fichées en terre, étaient placées devant le feu, où elles rôtissaient ou grillaient, si l'on veut, en conservant si bien leur jus qu'elles auraient agréablement chatouillé le palais du plus fin gourmet. Je ne puis faire autant d'éloges du pain : c'était tout simplement de la farine délayée avec un peu d'eau et frite, comme des beignets ou des crêpes, avec du lard. Quelques uns cependant y faisaient encore moins de façon, ils prenaient de cette pâte au bout d'un bâton, et la faisaient cuire en la tenant devant le feu. Tout ce que je puis dire, c'est que j'ai trouvé ces deux sortes de pain extrêmement agréables sur les prairies. On ne peut en effet juger de la bonté d'un mets si l'on n'en a pas mangé avec l'assaisonnement d'un appétit de chasseur.

    Avant le coucher du soleil nous fûmes appelés par le petit Tony à nous asseoir autour d'un somptueux repas. Des couvertures étendues à terre près du feu nous servaient de sièges. Une immense sébile taillée dans une racine d'érable, qu'on avait achetée au village indien, fut placée devant nous, et l'on y versa le contenu des marmites ; c'était un dindon sauvage découpé, des tranches de lard et des morceaux de pâte : un autre plat de même espèce était rempli d'une abondance de ces beignets dont j'ai parlé. Après que nous eûmes fait raison de la galimafrée, un quartier de chevreuil bien gras, enfilé sur deux broches de bois, et qui, pendant le premier service, grillait à côté de nous, fut planté d'un air de triomphe au milieu de notre cercle par le petit Tony. Comme nous n'avions ni assiettes ni fourchettes, nous nous servions à la façon des chasseurs, en coupant avec nos couteaux de chasse des tranches de rôti que nous trempions dans le sel et le poivre. Pour rendre justice au cuisinier et à la sauce appétissante de l'air des prairies, je déclare que jamais venaison ne me parut aussi délicieuse ; avec tout cela notre seul breuvage était du café, fait à l'ébullition, dans un chaudron de campagne, sucré avec du sucre brun et versé dans des tasses d'étain. Tel fut notre ordinaire tout le temps de l'expédition, au moins tant que les provisions furent abondantes et que nous conservâmes de la farine, du café et du sucre.

Sitôt que la nuit eut remplacé le crépuscule, on plaça les sentinelles, précaution indispensable dans un pays infesté de sauvages. Le camp présentait alors un aspect tout-à-fait pittoresque. Des feux épars brillaient ou se mouraient parmi les arbres, et des groupes de Rangers les entouraient, les uns assis, les autres couchés sur l'herbe, d'autres debout, recevant les rouges reflets des flammes, ou leur profil se dessinant sur un fond noir.

Autour de quelques uns de ces foyers retentissaient les éclats d'une gaîté bruyante, les rires prolongés, les rudes exclamations ; car cette troupe ne se distinguait point par une discipline sévère, étant composée de jeunes gens de la frontière, qui ne s'enrôlaient que pour changer de place et courir les aventures ; quelques uns aussi dans le but de connaître le pays. Plusieurs étaient les voisins de leurs officiers, et leur parlaient avec la familiarité de camarades, non avec la subordination du soldat envers son chef. Pas un d'eux ne se faisait la moindre idée de l'étiquette, de la contrainte d'un camp régulier, et pas un d'eux n'aurait eu l'ambition d'acquérir une bonne renommée par son exactitude à suivre les lois d'une profession qu'ils n'avaient pas l'intention de continuer.

Tandis que cette folle gaîté régnait auprès de l'un des feux, une sorte de mélodie nasale partit d'un autre, et un chœur de voix se réunit bientôt à cette très lugubre psalmodie. Le coryphée était un des lieutenans, grand homme efflanqué, qui avait été maître d'école, professeur de chant, et, par occasion, prédicateur méthodiste dans un des villages de la frontière. Ce chant s'élevait avec une tristesse solennelle dans l'air de la nuit, et me rappelait la description de semblables cantiques chantés dans les camps des Puritains. En effet, ce bizarre mélange de figures et de costumes offert par nos gens aurait fait honneur au drapeau de Praise-God-Barebones. Dans un intervalle de la psalmodie nasale, un hibou, amateur probablement désireux d'entrer en concurrence, commença ses *hou-hou* sinistres. À l'instant ce fut un cri général : Le *hibou de Charley ! le hibou de Charley !* Il paraît que cet oiseau de ténèbres avait visité le camp toutes les nuits précédentes, et qu'une des sentinelles, garçon peu malin, avait tiré sur lui et s'était excusé ensuite d'avoir tiré étant de faction, en disant que *les hiboux faisaient d'excellent soupe.* Un des jeunes cavaliers imita le cri de l'oiseau de Minerve, lequel, avec une simplicité peu d'accord avec sa réputation de prud'hommie, sortit de l'obscurité, et vola sur la branche dépouillée d'un arbre éclairé par un des feux. Aussitôt le jeune comte saisit son fusil, visa, et dans un clin d'œil le pauvre oiseau de mauvais augure tomba sans vie. Charley fut appelé et sommé d'apprêter et de manger sa prétendue excellente soupe ; mais il refusa sous prétexte qu'il n'avait pas lui-même *tué la bête.*

Dans le courant de la soirée, je fis une visite au feu du capitaine, qui se composait d'énormes troncs d'arbres, capables de rôtir un buffle tout entier. Là se trouvaient les principaux chasseurs et officiers debout, assis ou couchés sur des peaux et des couvertures, contant leurs histoires de chasse et de guerre avec les sauvages.

À mesure que la nuit approchait, une lumière rougeâtre se montrait à l'ouest au-dessus des arbres.

« C'est probablement une prairie incendiée par les Osages, dit le capitaine.

— Ce doit être vers l'embouchure de la Rivière Rouge, dit Beatte en regardant le ciel ; on dirait que c'est à trois ou quatre milles d'ici, et peut-être c'est à plus de vingt milles. »

Entre huit et neuf heures, une douce lumière argentée s'élevant par degrés à l'orient annonça le lever de la lune. Alors je sortis de la cabane du capitaine pour me préparer au repos de la nuit. J'étais décidé à quitter l'abri de la tente, et à bivouaquer avec les cavaliers. Une peau d'ours me servit de lit, un bissac était mon oreiller. Enveloppé dans des couvertures, je m'étendis sur la couche du chasseur, où je m'endormis d'un sommeil doux et profond, et ne m'éveillai qu'au bruit du cor, sonnant le départ au point du jour.

CHAPITRE XI.

Nous plions bagage. — Marche pittoresque. — Chasse. — Scènes de camp. — Triomphe d'un jeune chasseur. — Mauvais succès des vétérans. — Vil assassinat d'un chafoin.

Le 14 octobre, au signal donné par le cor, les patrouilles et les sentinelles relevées de leur faction rentrèrent au camp. Tous les cavaliers quittèrent leur couche rustique, et vaquèrent gaiment aux préparatifs du départ. C'était un mouvement général ; ceux-ci coupaient du bois, allumaient des feux et apprêtaient le déjeuner ; ceux-là pliaient les couvertures, qui servaient de tentes pendant les mauvais temps ; d'autres couraient après les chevaux dispersés dans les taillis. La forêt retentissait de cris joyeux, d'exclamations, d'éclats de rire. Quand tout le monde eut déjeuné, les effets empaquetés et chargés, on sonna le boute-selle et à cheval. À huit heures la troupe marchait en ligne prolongée et tortueuse, et les hourras des chasseurs se mêlaient aux jurons adressés aux bêtes de somme. Un moment après, la forêt, qui depuis quelques jours avait offert une scène si animée, si tumultueuse ; rentra dans sa solitude et son silence primitifs.

C'était une belle et claire matinée ; une atmosphère transparente et pure semblait baigner le cœur dans la joie. Nous suivions une direction parallèle à l'Arkansas à travers un pays riche et varié. Quelquefois nous étions obligés de nous frayer un chemin sur des terrains d'alluvion, encombrés d'une végétation exubérante, où des arbres gigantesques étaient entrelacés de vignes qui tombaient de leurs branches comme les cordages d'un navire. D'autres fois nous longions de petites rivières stagnantes dont le faible courant servait à lier ensemble une suite d'étangs unis et brillans, encadrés comme des miroirs dans le sol de la forêt et réfléchissant son feuillage d'automne, et, en quelques places, le ciel bleu. Plus loin nous gravissions des collines de rochers du sommet desquelles la vue s'étendait au loin, d'un côté sur les immenses prairies, diversifiées par des bosquets et des forêts, de l'autre sur une chaîne de montagnes bleuâtres, au-delà des eaux de l'Arkansas.

L'apparence de notre troupe était en harmonie avec le paysage. Nous formions une ligne d'un demi-mille de longueur, tournant parmi des fourrés et des clairières, montant et descendant les défilés des collines. Nos hommes portaient toutes sortes de costumes bizarres, et montaient des chevaux de toutes les couleurs. Les chevaux de bât s'écartaient sans cesse pour aller brouter dans les herbages, et Tony et ses confrères, les métis, les ramenaient à force de coups et de juremens. De temps en temps les notes du cor, à la tête de la colonne, réveillaient les échos des bois et des vallées profondes, en rappelant les traîneurs et en annonçant la direction de la marche. L'ensemble de la scène me rappelait les bandes de boucaniers traversant les solitudes de l'Amérique méridionale dans leurs expéditions contre les établissemens espagnols.

Une fois, en traversant un pré entouré de bosquets, nous vîmes les longues herbes couchées en plusieurs places : c'étaient les lits des daims qui avaient dormi la précédente nuit sur ce pré. Quelques chênes portaient aussi la marque des griffes des ours qui avaient grimpé le long de leur trône pour chercher du gland. En approchant d'une clairière donnant sur ce pâturage, nous aperçûmes une troupe de daims bondissant et fuyant tout épouvantés ; mais ils n'étaient pas plus tôt à une certaine distance qu'ils s'arrêtaient et regardaient avec la curiosité commune à ces animaux les étrangers qui venaient ainsi troubler leur solitude. À l'instant, des coups de fusil furent tirés dans toutes les directions par les jeunes chasseurs. Cependant leur empressement les empêcha de viser juste, et les daims s'enfoncèrent sains et saufs dans la profondeur des forêts.

Dans notre marche, nous atteignîmes l'Arkansas ; mais nous nous trouvions encore au-dessous de la Fourche Rouge ; et comme la première décrit de profondes courbures, nous quittâmes ses bords, et continuâmes notre route dans les bois jusqu'à près de trois heures. Alors nous campâmes dans un beau bassin, borné par un ruisseau limpide, et ombragé par des bosquets de chênes majestueux. Les chevaux furent lâchés pour se repaître en liberté, avec la précaution d'attacher leurs jambes de devant l'une à l'autre avec des cordes ou des courroies, afin de les empêcher de s'éloigner. Un certain nombre de cavaliers, chasseurs déterminés, se dispersa de différens côtés à la recherche du gibier. On n'entendait plus les joyeuses exclamations, les grandes risées du matin ; tout le monde était occupé, soit à faire du feu, soit à préparer le repas ; et les plus fatigués se reposaient dans l'herbe. Bientôt le bruit des armes à feu retentit de toutes parts, et, quelque temps après, un chasseur revint au camp avec un beau chevreuil placé en travers sur son cheval. Ce cavalier fut suivi d'une couple de chasseurs imberbes à pied, l'un desquels portait un faon sur ses épaules. Il était évidemment fier de sa proie. C'était peut-être son premier exploit. Cela ne les empêcha point, ses compagnons et lui, d'être impitoyablement raillés par leurs camarades. On les traitait de novices, qui s'étaient associés pour aller à la chasse, et rapportaient une pièce entre eux tous.

Un peu avant la nuit, de grandes acclamations s'élevèrent à l'une des extrémités du camp, et nous vîmes une troupe de jeunes chasseurs marcher en parade autour des feux, portant sur leurs épaules un de leurs camarades. Il avait tué un élan pour la première fois de sa vie, et c'était le premier animal de cette espèce abattu dans cette expédition. Ce jeune chasseur, nommé Mac Lellan, fut le héros de la soirée, et, de plus, l'Amphytrion du souper ; car des morceaux de son élan rôtissaient devant chaque foyer.

Les autres chasseurs revinrent les mains vides. Le capitaine avait remarqué les traces d'un buffle qui devait avoir passé peu de jours avant ; il avait suivi assez loin la voie d'un ours ; mais ses empreintes avaient enfin disparu.

Il avait vu encore un élan qui s'avançait sur un banc de sable de l'Arkansas ; par malheur, tandis qu'il se glissait parmi les buissons pour trouver une place d'où il pût le tirer, l'élan était rentré dans le bois.

Notre chasseur Beatte revint à son tour, silencieux et morne, d'une chasse infructueuse. Jusqu'alors il ne nous avait rien rapporté, et nous avions tiré nos provisions de venaison de la loge du capitaine. Beatte semblait véritablement humilié, et devait l'être en effet, d'autant plus qu'il regardait les cavaliers du haut de sa grandeur, comme gens nouveaux sur les prairies, et peu versés dans les secrets de la chasse. De leur côté, ceux-ci ne le voyaient pas d'un œil favorable, à cause de son mauvais sang, et ils le nommaient toujours l'Indien.

D'autre part, notre petit Tony, à force de babil et de gasconnades, joints à son dialecte bigarré, avait ameuté contre lui tous les plaisans de la troupe, qui s'amusaient à ses dépens d'une façon assez incivile ; mais la vanité du petit varlet était inébranlable, et tous les quolibets du monde ne l'auraient pas fait baisser d'une ligne. Quant à moi, je l'avoue, je me sentais un peu honteux de la pauvre figure que faisaient nos suivans parmi ces déterminés de la frontière, et notre équipement était aussi, pour eux, un sujet de moqueries ; ils en voulaient surtout aux fusils de chasse à deux coups que nous avions pris pour le petit gibier. Or les *garçons* de l'ouest ont un souverain mépris pour les *petits coups* (c'est ainsi qu'ils appellent les perdrix, les corneilles et même les dindons sauvages), et la longue carabine est à leurs yeux la seule arme digne d'un chasseur.

Je fus éveillé le lendemain, avant le jour, par le hurlement lamentable d'un loup qui rôdait autour du camp, attiré par l'odeur de la venaison. À peine la première ligne grisâtre de l'aurore se montra qu'un jeune gaillard sortit d'une des cahutes, se mit à contrefaire le coq en perçant les airs de cadences claires et prolongées qui auraient fait envie à un sultan de basse-cour. On lui répondit sur le même ton, comme si c'eût été d'un perchoir voisin ; le chant fut répété d'une cahute à l'autre, et bientôt il fut accompagné par le caquet des poules, les cancans des canards, les glougloux des dindons et les grognemens des truies. Enfin on eût dit que nous étions transportés au milieu de la cour d'une ferme, dont la population se trouvait en plein concert.

Après une marche assez courte, nous arrivâmes, dans cette matinée, à un sentier des Indiens extrêmement battu, et, en le suivant, nous atteignîmes le sommet d'une colline d'où l'on apercevait une vaste étendue de pays, mêlée de chaînes de rochers et des lignes onduleuses de beaux plateaux enrichis de bosquets et de bouquets d'arbres variés par leurs teintes et par leur feuillage. Dans le lointain, à l'ouest, nous découvrîmes, à notre grande satisfaction, la Rivière Rouge, qui roulait ses eaux troubles vers l'Arkansas, et nous trouvâmes que nous étions au-dessus de la jonction de ces deux courans. En cet endroit, les arbres étaient couverts de vignes énormes, qui formaient une sorte de cordage, et liaient les troncs et les branches les uns aux autres. Il y avait en outre une sous-végétation de buissons et de ronces, et une telle abondance de houblons prêts à couper que nos chevaux avaient beaucoup de peine à se frayer un chemin. En plusieurs places, le sol était empreint de traces de daims, et les griffes des ours avaient laissé des marques sur l'écorce de quelques arbres. Chacun avait l'œil et l'oreille au guet, dans l'espoir de voir lever du gibier. Tout à coup un mouvement, des clameurs, attirèrent notre attention sur une partie reculée de la ligne. « Un ours ! un ours ! » était le cri. Nous courûmes tous, afin d'être présens à l'intéressante chasse ; mais, à mon inexprimable et très ridicule chagrin, je trouvai nos deux rares personnages, Tony et Beatte, commettant un meurtre inutile et honteux sur un misérable chafoin, ou putois. L'animal s'était caché sous le tronc d'un arbre tombé, et de là il faisait une vigoureuse défense à sa manière, si bien que les bois d'alentour étaient parfumés de sa subtile odeur.

Les moqueries, les complimens goguenards, pleuvaient sur le chasseur indien. On lui conseillait de scalper la fouine et de porter son scalp comme un glorieux trophée. Cependant, quand on vit Tony et le métis déterminés à emporter cette bête, en soutenant que c'était un régal dont ils étaient extrêmement friands, une expression universelle de dégoût s'éleva contre eux, et on les regarda presque comme des cannibales.

Mortifié de cet ignoble début de nos chasseurs, j'insistai pour leur faire abandonner leur proie et reprendre leur marche. Beatte céda de mauvaise grâce, et demeura en arrière en grondant entre ses dents. Cependant Tony, avec sa légèreté ordinaire, se consola en vantant de toute la force de ses poumons la richesse, la délicatesse d'une fouine rôtie. Il jurait sa foi que c'était le mets favori des gourmands indiens les plus expérimentés. Ce fut à grand'peine que j'imposai silence à sa loquacité ; mais si la vivacité d'un Français est réprimée d'un côté, elle sait se faire jour d'un autre, et Tony passa son humeur en administrant des volées de coups, accompagnés de juremens, à nos malheureux chevaux de bât. J'étais cependant menacé de voir à la fin mon opposition à la fantaisie de ces varlets devenir inutile ; car, au bout d'un certain temps, Beatte ayant repris son poste de guide, j'aperçus, à ma grande vexation, la carcasse de sa belle prise écorchée, et ressemblant à un cochon de lait engraissé, qui pendait à l'arçon de sa selle ; mais je fis aussitôt en moi-même le vœu d'empêcher notre foyer d'être déshonoré par la cuisson d'un vil putois.

CHAPITRE XII

La traversée de l'Arkansas.

Maintenant nous avions atteint la rivière à un quart de mille environ de sa jonction avec la Fourche Rouge ; mais les bords étaient escarpés et croulans, et le courant profond et rapide. Il était donc impossible de passer en cet endroit, et nous reprîmes notre pénible course dans les bois après avoir envoyé Beatte en avant à la découverte d'un gué. À peine avions-nous fait un mille de plus que notre guide revint nous donner la bonne nouvelle qu'il y avait non loin de nous une place où la plus grande partie de la rivière était guéable sur des bancs de sable, et le reste pouvait être aisément passé à la nage par les chevaux.

Là nous fîmes halte ; quelques uns de nos hommes coupèrent des arbres avec leurs haches près des bords de l'eau, pour faire des radeaux sur lesquels on devait mettre les bagages ; d'autres essayaient de trouver un meilleur passage en remontant la rive, et en pataugeant parmi les buissons et les joncs entrelacés.

Ce fut alors que Tony et Beatte eurent l'occasion de déployer leur adresse et leurs ressources indiennes. Ils s'étaient procuré, au village osage que nous avions traversé un ou deux jours auparavant, une peau de buffle sèche ; elle fut produite en ce moment opportun : on passa des cordes dans les œillets dont cette peau était bordée, et on la tira de manière à former une sorte d'auge ; des bâtons posés en travers dans l'intérieur la tenaient en forme ; notre équipage de camp et une partie de nos bagages y furent placés, et cette singulière barque fut portée sur la grève et mise à flot. Beatte tenait entre ses dents une corde attachée à la proue, et se jetant à l'eau il avança en remorquant la machine après lui, tandis que Tony allait derrière pour la maintenir droite et la pousser. Ils avaient pied pendant une partie du chemin ; mais au milieu du courant ils furent obligés de nager, et ils ne cessèrent de pousser les cris des Indiens qu'en prenant terre sur la rive opposée.

Nous fûmes si charmés, le commissaire et moi, de ce mode de navigation que nous résolûmes de nous embarquer nous-mêmes dans la peau de buffle. Nos deux compagnons, le comte et M. L., avaient continué de marcher le long du rivage, avec les chevaux, pour trouver un gué que les cavaliers avaient découvert à un ou deux milles plus haut. Tandis que nous attendions les conducteurs de notre bac, mes yeux se portèrent par hasard sur un monceau de différens effets posé sous un buisson, et je reconnus parmi d'autres objets la carcasse de la fouine toute préparée à rôtir devant le feu du soir ; je ne pus résister à la tentation de lancer le malencontreux gibier dans la rivière, au fond de laquelle il tomba comme un morceau de plomb ; et notre cahute fut ainsi préservée de l'infection que cette viande savoureuse menaçait d'y apporter avec elle.

Nos hommes ayant retraversé le courant avec leur nacelle, elle fut tirée sur la rive et remplie à moitié de selles, de bissacs et d'autres bagages pesant au moins cent livres ; et lorsqu'elle fut à l'eau, on m'invita à m'y placer. Cela me parut ressembler infiniment à l'embarcation des sages de Gotham, qui voguaient sur la mer dans un bol.[1] Cependant je descendis sans balancer, mais avec toutes les précautions possibles, et je m'assis sur le sommet des bagages, les bords de la peau s'élevant de la largeur d'une main au-dessus de l'eau. Alors on me passa les carabines, les fusils de chasse et autres objets de petit volume, mais en telle quantité qu'il me fallut enfin protester que je ne recevrais pas plus de fret. Nous entrâmes ainsi dans la rivière, la barque touée et poussée comme la première fois.

Ce fut avec une sensation demi sérieuse, demi comique, que je me trouvai flottant sur la peau d'un buffle au milieu d'une rivière du désert, entouré d'une campagne inculte et solitaire, et remorqué par un quasi-sauvage hurlant et aboyant comme un diable incarné. Pour flatter la vanité du petit Tony, je déchargeai mon fusil de chasse à droite et à gauche, quand nous fûmes au centre du courant. Le bruit fut répété par les échos le long des rives boisées, et les acclamations des cavaliers y répondirent, au grand triomphe du petit Français, qui s'attribuait toute la gloire de ce mode indien de navigation.

Notre voyage heureusement accompli, le commissaire et le reste de nos bagages furent transportés avec le même succès.

Qu'on se figure, si l'on peut, l'exaltation vaniteuse de Tony, se pavanant sur le rivage, au milieu des cavaliers, et ne tarissant point en déclamations emphatiques sur son adresse, son habileté supérieures. Beatte conserva cependant sa fière taciturnité, et l'on ne vit pas un seul sourire dérider son visage saturnin. Il avait un mépris indicible pour l'ignorance des Rangers, et ne leur pardonnait pas de l'avoir mal jugé. Il dit seulement : *Eux voient bien maintenant l'Indien être bon à quelque chose.*

La rive large et sablonneuse sur laquelle nous descendîmes était sillonnée par d'innombrables traces d'élans, de daims, de racoons, d'ours, de dindons et d'oiseaux aquatiques. De ce côté, les abords de la rivière étaient agréablement variés : ici de longues et brillantes lagunes bordées de saules et de cotonniers ; là de riches plaines de forêts ouvertes où dominaient des platanes gigantesques ; et dans le lointain de hauts promontoires boisés. Le feuillage avait déjà une teinte dorée qui donnait au paysage le ton harmonieux et riche des tableaux du Lorrain ; et la scène était animée par le radeau sur lequel le capitaine et son fidèle confident le docteur passaient la rivière avec leurs effets, et par la longue file des cavaliers qui traversaient le courant en ligne oblique en allant d'un banc de sable à un autre pendant l'espace d'environ un mille.

---

1. ↑ Allusion à un conte populaire des États-Unis.

CHAPITRE XIII

Le camp du vallon. — Les Pawnies. — Leurs mœurs et leur manière de combattre. — Aventure d'un chasseur. — Chevaux retrouvés et hommes perdus.

Aussitôt que le capitaine, son état-major et un certain nombre de ses hommes eurent passé, nous nous enfonçâmes dans les bois, et après avoir fait environ un demi-mille, nous entrâmes dans un vallon formé par deux collines de rochers calcaires qui se rapprochaient l'une de l'autre à mesure que nous avancions, et s'unissaient enfin en formant presque un angle. Là, une belle source coulait du milieu des rochers, et « alimentait un ruisselet argenté qui baignait le vallon dans toute sa longueur, et rafraîchissait l'herbe touffue dont il était tapissé.

Dans cet enfoncement de rochers nous campâmes sous de grands arbres. Les cavaliers nous rejoignirent par groupes détachés ou isolément ; quelques uns à cheval, les autres à pied, chassant devant eux leurs montures chargées de bagages : plusieurs étaient mouillés jusqu'aux os, parce qu'ils étaient tombés dans la rivière pendant leur passage, qui avait été fatigant et dangereux : ils ressemblaient assez à des bandits revenant d'une expédition, et ce vallon sauvage était une retraite digne de pareils hôtes. L'effet pittoresque de la scène augmenta le soir quand la lueur des feux éclaira les groupes d'hommes et de chevaux, les monceaux de bagages, les fusils empilés contre les arbres, et les selles, les brides, les poires à poudre suspendues aux branches.

Le comte, son mentor et le jeune métis Antoine, nous rejoignirent au camp ; tous avaient passé heureusement le gué ; mais à mon grand déplaisir ils ne ramenaient point mes deux chevaux. Je les avais laissés sous la garde d'Antoine ; Antoine, avec son insouciance ordinaire, ne s'était nullement embarrassé d'eux, et probablement ils s'étaient écartés de la ligne de l'autre côté de la rivière. Il fut donc arrêté que Beatte et Antoine repasseraient le lendemain de bonne heure, et les chercheraient sur l'autre rive.

Un daim et quelques dindons ayant été apportés au camp, nous parvînmes, avec l'addition d'un bol de café, à faire un souper *comfortable*, après lequel je passai dans la cahute ou loge du capitaine, sorte de *feu de conseil*, et rendez-vous de commérages pour les vétérans.

Tout en causant nous observâmes, comme nous l'avions observé les précédentes nuits, une clarté d'un rouge pâle à l'occident, au-dessus des sommets des rochers : cette clarté fut encore attribuée à des prairies brûlées par les Indiens, et l'on supposa qu'elle venait de l'ouest de l'Arkansas. S'il en était ainsi, le feu avait été allumé par quelque parti de Pawnies, car les Osages se risquent rarement dans ces cantons. Cependant Beatte, notre métis, affirmait que c'étaient les feux des Osages, et que ces feux étaient sur l'autre rive de l'Arkansas.

Alors la conversation tourna sur les Pawnies, sur les territoires desquels nous allions entrer. Il a toujours existé, pour les habitans de nos frontières, une tribu indigène guerrière et *non apprivoisée*, qui, pendant un certain temps, est la terreur des colons et le sujet de toutes sortes d'histoires effrayantes. Telle est actuellement la tribu des Pawnies, qui hante les régions situées entre l'Arkansas, la Rivière Rouge et les prairies du Texas. On les dit excellens écuyers, et presque toujours à cheval sur des coursiers véloces et pleins de courage, de la race sauvage des prairies. Ils parcourent ainsi ces vastes plaines, soit en chassant les daims et les buffles, soit en suivant des expéditions de guerre et de rapine ; car, de même que les enfans d'Ismaël, auxquels ils ressemblent sous plus d'un rapport, ils font la guerre à tous les peuples, et tous les peuples leur font la guerre : quelques uns n'ont point de demeures fixes, et vivent sous des tentes de peau faciles à transporter, en sorte qu'ils sont ici aujourd'hui, et ne savent où ils seront demain. Un vieux chasseur nous conta diverses particularités de leur manière de combattre. « Malheur, disait-il, à la bande de chasseurs ou de marchands qui serait aperçue dans les prairies, après une marche fatigante, par ces sauvages. Souvent ils emploient la ruse dans leurs attaques : ils se tiennent par une seule jambe sur leur selle, et cachent le reste de leur corps le long des flancs du cheval, et, de loin, ils ont l'apparence d'une troupe de chevaux sauvages sans cavaliers ; quand ils se sont ainsi suffisamment approchés de l'ennemi, ils se remettent soudain en selle, et, plus rapides qu'un tourbillon de vent, avec leurs plumes flottantes, agitant leurs manteaux et brandissant leurs armes, ils se précipitent en poussant de hideux hurlemens. Ils produisent ainsi une terreur panique parmi les chevaux, les mettent en désordre, les poursuivent et les emmènent en triomphe. »

Le meilleur moyen de défense, suivant ce vétéran des bois, est de gagner quelque bosquet ou taillis ; et s'il n'en est aucun à portée, il faut descendre de cheval, attacher tous les chevaux assez ferme tête contre tête, pour qu'il leur soit impossible de se détacher ou de s'écarter, et gagner un ravin, ou bien suivre un creux dans le sable où l'on soit à l'abri des flèches des Pawnies, leurs armes favorites. Ils sont excellens archers, tournent plusieurs fois autour de leur ennemi, et lancent leurs flèches en galopant. C'est sur la prairie qu'ils sont par conséquent le plus redoutables, parce qu'ils peuvent courir sans obstacle, et qu'il n'y a point d'arbres pour détourner leurs traits. Il est rare qu'ils suivent leur ennemi dans les forêts.

Il nous conta ensuite quelques anecdotes sur la prudence et le secret avec lesquels ils rôdent autour d'un camp ennemi, en guettant le moment favorable pour l'attaquer.

« Il faut commencer à être sur nos gardes, dit le capitaine. Je vais faire distribuer des ordres écrits pour défendre de chasser sans permission, et de faire feu, sous peine de monter le cheval de bois. J'ai à conduire un équipage indocile. Tous ces jeunes gaillards sont peu accoutumés au service des frontières ; il sera difficile de les rendre circonspects. Nous sommes maintenant sur les terres d'un peuple silencieux, vigilant et rusé, qui, à l'instant où vous y pensez le moins, épie tous vos mouvemens, et se tient prêt à fondre sur les traîneurs ou les vagabonds.

— Comment pourrez-vous empêcher vos hommes de tirer, s'ils voient du gibier dans les alentours du camp ? demanda l'un des cavaliers.

— Ils ne doivent pas porter leur fusil avec eux, à moins qu'ils ne soient de faction, ou qu'ils n'en aient obtenu la permission.

— Ah, capitaine ! s'écria le cavalier, je n'en suis plus ! jamais je ne me soumettrai à cela. Où je vais, mon fusil va ; c'est une partie de moi-même. Personne ne me remplacerait auprès de lui, et personne ne le remplacerait auprès de moi. Je le soigne, et il me soigne.

— Il y a du vrai dans ce que vous dites, répondit le capitaine, touché d'une sympathie de vrai chasseur. Mon fusil est avec moi depuis aussi long-temps que ma femme, et j'ai toujours trouvé en lui un ami fidèle. »

Ici le docteur, aussi déterminé chasseur que le capitaine, se joignit à la conversation. « Un de mes voisins, fit-il, avait coutume de dire : *Si je vous prêtais mon fusil, pourquoi ne vous prêterais-je pas ma femme ?*

— Peu de gens, reprit sérieusement le capitaine, ont pour leur fusil la considération, les soins qu'ils devraient avoir.

— Et de même pour leurs femmes, ajouta le docteur d'un air malin.

— C'est un fait », dit le capitaine.

On vint avertir le capitaine qu'un parti de quatre cavaliers, conduit par le vieux Ryan, ne s'était pas retrouvé. Ils avaient été séparés du corps principal de l'autre côté de la rivière, tandis qu'on cherchait le gué, et s'étaient égarés ; personne ne savait dans quelle direction. On fit différentes suppositions sur eux, et l'on exprima quelques appréhensions pour leur sûreté.

« J'enverrais bien à leur recherche, dit le capitaine ; mais le vieux Ryan est avec eux ; il saura se tirer d'affaire, lui et ses compagnons. Je ne compterais pas beaucoup sur la tête des autres ; mais il est sur les prairies comme dans sa ferme. D'ailleurs ils sont en nombre suffisant, quatre pour veiller, et le cinquième pour soigner le feu.

— C'est une triste chose de s'égarer la nuit dans un pays inconnu et sauvage, dit un des plus jeunes cavaliers.

— Non, si vous êtes deux ou trois ensemble, dit un ancien. Quant à moi, je serais aussi tranquille, aussi content dans ce vallon que dans ma propre maison, si j'avais seulement avec moi un camarade pour faire sentinelle tour à tour, et entretenir le feu. Je resterais couché là pendant des heures, à contempler cette étoile brillante qui a l'air de regarder le camp, comme si elle était chargée de veiller à sa sûreté.

— Oui, les étoiles sont une sorte de compagnie quand on se trouve seul, et obligé de veiller. Celle-là est vraiment une étoile gaillarde, l'étoile du soir, ou la planète Vénus, à ce que disent les savans.

— Si c'est Vénus, dit un membre du conseil (c'était, je crois, le maître d'école aux cantiques), cela ne présage rien de bon ; car j'ai lu dans un livre que les Pawnies adorent cette étoile, et lui sacrifient leurs prisonniers. Ainsi j'aimerais autant ne pas la voir regarder cette partie du pays.

— Bien ! dit le sergent, vétéran des bois de la bonne roche ; avec ou sans étoile, j'ai passé plus d'une nuit, tout seul, en des lieux plus sauvages que celui-ci, et j'y ai solidement dormi, je vous le garantis. Je m'attardai une fois en passant un bois près de la rivière Tombighe, et me trouvant séparé de mes compagnons, j'allumai du feu, je mis mon cheval en liberté, et je m'étendis sur la terre. De temps en temps, j'entendais hurler les loups. Mon cheval vint se serrer contre moi, terriblement effrayé. Je le repoussai ; mais il revint, et se rapprochant toujours de plus en plus, il resta les yeux fixés sur le feu et sur moi, balançant la tête et pliant les jambes de devant ; car il était harassé. Au bout d'un instant, j'entendis un cri étrange et lugubre. D'abord je pensais que c'était un hibou ; mais il recommença, et je reconnus alors que ce n'était pas un hibou, mais une panthère.

Je me sentis un peu embarrassé ; car je n'avais pour toutes armes qu'un couteau à deux lames. Cependant je me préparai à me défendre de mon mieux, et j'empilai de petits brandons de mon foyer pour les lui jeter à la face si elle approchait. Maintenant la compagnie de mon cheval me rassurait. Le pauvre animal se coucha à mes côtés, et s'endormit d'extrême lassitude. Je tâchai de me tenir éveillé ; mais mes yeux se fermaient involontairement. Souvent j'étais un moment assoupi, et me réveillais en sursaut, regardant autour du foyer, et m'attendant à voir les yeux étincelans de la panthère fixés sur moi. Enfin le sommeil et la fatigue furent les plus forts, et je m'endormis profondément. Le matin, je vis les traces d'une panthère à soixante pas de mon bivouac. Ces traces étaient larges comme mes deux poings, et elle avait évidemment avancé et reculé pour tâcher de se décider à m'attaquer. Heureusement elle n'en eut pas le courage. »

Le lendemain, 16 octobre, je m'éveillai avant le jour. La lune éclairait faiblement le ravin, à travers de légers nuages ; les feux de camp étaient presque éteints, et les hommes étaient couchés auprès, enveloppés dans leurs couvertures. Au point du jour, Beatte, notre chasseur, et le jeune métis Antoine, partirent pour aller à la recherche de nos chevaux, de l'autre côté de la rivière, accompagnés de quelques cavaliers qui avaient laissé leurs fusils et leurs bagages sur cette rive. Comme le gué était profond, et qu'ils étaient forcés de le passer en ligne diagonale contre un rapide courant, ils montèrent les plus grands et les meilleurs chevaux. À huit heures, Beatte revint. Il avait retrouvé les deux chevaux ; mais il avait perdu Antoine. Ce dernier était, à ce qu'il disait, un étourdi, un blanc-bec, ne connaissant rien aux bois et aux prairies. Bientôt il l'avait perdu de vue, et il s'était égaré. Cependant il avait la chance de trouver des compagnons ; car plusieurs cavaliers s'étaient perdus, et le vieux Ryan et sa troupe n'étaient pas encore revenus.

Nous attendîmes assez long-temps dans l'espoir de voir arriver nos gens égarés, mais pas un ne parut. Le capitaine observa que les Indiens de la rive opposée étaient tous bien disposés pour les blancs, et qu'on ne devait pas être sérieusement inquiet des absens : leur plus grand danger était d'avoir leurs chevaux volés la nuit par les Osages. Notre commandant se détermina donc à marcher en laissant une arrière-garde au camp pour attendre le retour de leurs camarades.

Assis sur un rocher au-dessus de la source, je m'amusai des changemens de scène qui se faisaient sous mes yeux. D'abord les préparatifs du départ ; les chevaux ramenés des environs du camp ; les cavaliers courant à travers les rochers et les buissons à la quête de ceux qui s'étaient écartés ; les clameurs après les chaudrons et les poêles à frire, empruntés d'une table à l'autre ; et les juremens, les exclamations colériques proférés contre les chevaux rétifs ou ceux qui s'éloignaient pour aller paître, même après avoir été chargés ; tout cela produisait un bruit confus dans lequel on distinguait particulièrement la voix perçante de Tony.

Le signal donné, la troupe défila en ligne irrégulière à travers le vallon et une forêt couverte, tournant et disparaissant graduellement parmi les arbres, bien que le son des voix et du cor se fît entendre quelque temps après la disparition des derniers de la colonne. L'arrière-garde resta sous le bosquet au fond du vallon, les uns à cheval, le fusil sur l'épaule, d'autres assis ou couchés près des feux, causant ensemble à demi voix et nonchalamment, tandis que les chevaux à demi assoupis se tenaient immobiles autour de leurs maîtres, comme eux à demi assoupis. Cependant un des cavaliers profitait de cet instant de loisir pour se faire la barbe devant un petit miroir accroché au tronc d'un arbre.

Enfin le bruit des voix et du cor se perdit entièrement, et le vallon retomba dans un silence paisible, interrompu en certains momens par le murmure indistinct du groupe rassemblé autour du foyer, le sifflotement pensif de quelques promeneurs sous les arbres, et le frôlement des feuilles sèches que la brise la plus légère emportait en pluies abondantes, signes de la fin des beaux jours.

CHAPITRE XIV.

Chasse au daim. — Vie des prairies. — Beau campement. — Bonne fortune du chasseur. — Anecdotes des Delawarcs. — Leurs superstitions.

Quand nous eûmes dépassé la ceinture de bois qui borde la rivière, nous montâmes les collines en nous dirigeant à l'ouest à travers un pays onduleux, couvert de chênes nains et d'un arbre nommé Jack noir. L'œil s'étendait quelquefois au loin sur des sites de coteaux et de vallées, entremêlés de forêts, de bosquets et de bouquets d'arbres. Nous marchions lentement, et ceux qui se trouvaient en tête de la colonne découvrirent quatre daims paissant sur une pente verte à environ un mille de distance. Sans doute ils ne s'étaient pas aperçus de notre approche, car ils continuaient leur repas dans une parfaite tranquillité. Un de nos jeunes hommes obtint du capitaine la permission de les poursuivre, et la troupe s'arrêta et regarda silencieusement la chasse. Le cavalier fit un long circuit et s'avança lentement et à petit bruit jusqu'à un bouquet de bois qui le séparait des daims ; alors il descendit de cheval, et, se glissant autour d'un monticule, disparut à nos yeux. Tous les regards se fixèrent alors sur les daims, qui ne cessaient de brouter sans le moindre soupçon de danger. Soudain un coup de feu part, et un daim superbe fit un bond et retomba sur la terre ; ses compagnons défilèrent en un clin d'œil : à l'instant notre ligne se brisa en plusieurs places, et les plus jeunes de la bande s'élancèrent après les fugitifs. Notre petit Français, Tony, se distinguait parmi les principaux personnages de la scène, sur son gris d'argent, ne s'étant fait aucun scrupule de laisser les chevaux de bât sur leur bonne foi. Il fallut un certain temps pour rassembler au son du cor nos forces dispersées et reprendre nôtre marche.

Deux ou trois fois, dans le courant de la journée, nous fumes interrompus par des, scènes tumultueuses de ce genre. Les jeunes gens étaient tout feu en se voyant dans une contrée non explorée et si abondante en gibier ; et ils étaient trop peu accoutumés à la discipline pour se restreindre à garder les rangs ; mais le plus indocile était notre Tony : la haute idée qu'il nourrissait de ses talens supérieurs à la chasse, et le désir de les faire briller, l'entraînaient continuellement à s'éloigner, ainsi qu'un lévrier mal dressé, aussitôt qu'il voyait lever quelque gibier, et il fallait de même le ramener à son poste à peu près de force.

Enfin sa vanité eut un salutaire échec. Un faon bondit en vue de toute la ligne ; Tony mit pied à terre et ajusta la bête, qui lui donnait beau jeu ; il tira, le faon resta en place : le créole sauta sur son cheval, se mit en attitude, et, les yeux fixés sur l'animal, semblait s'attendre à le voir tomber. Cependant ce dernier continua gaîment sa route, et un rire inextinguible s'éleva du haut en bas de la colonne. Le petit homme glissa tranquillement de sa selle, et tomba sur les bêtes de somme à bras raccourci, en les accablant d'injures et d'imprécations furieuses, comme si elles étaient cause de sa mésaventure : toutefois nous fûmes délivrés pour quelque temps de sa jactance babillarde.

Nous rencontrâmes pendant notre marche les restes d'un ancien campement indien près d'un ruisseau, sur les bords duquel étaient épars les crânes couverts de mousse des daims et des élans apportés par les chasseurs. Comme nous étions dans le pays des Pawnies, nous supposâmes que dans cet emplacement un camp de ces formidables nomades avait existé. Cependant le docteur, après avoir examiné la forme et la disposition des *loges*, décida que c'était un camp de hardis Delawares qui avaient fait une rapide excursion sur ces dangereux territoires de chasse.

Après avoir marché quelque temps, nous découvrîmes deux figures à cheval qui marchaient lentement en ligne parallèle avec nous, en suivant les bords d'une colline nue, à environ deux milles de distance, et qui semblaient nous observer. On fit halte, on examina ces hommes attentivement, et l'on fit sur eux mille conjectures. Étaient-ce des Indiens ? et s'ils étaient Indiens, étaient-ils Pawnies ? Un cavalier se dessinant au loin sur l'horizon, excite l'imagination et fait battre le cœur des voyageurs sur ces terres hostiles, de même qu'une voile aperçue en mer, dans un temps de guerre, devient l'objet des inquiétudes et des alarmes d'un équipage. Cependant nos conjectures ne se prolongèrent pas long-temps, une lunette nous ayant fait reconnaître dans ces cavaliers deux des hommes de notre arrière-garde qui s'étaient mis en route pour nous joindre, et avaient perdu nos traces.

Ce jour-là notre marche fut animée et délicieuse. Nous étions dans une contrée d'aventures qui n'avait jamais été foulée par les blancs, à l'exception de quelques *trappeurs* solitaires. Le temps était à souhaits, tempéré, doux, vivifiant, le ciel d'un beau bleu foncé, avec de légers nuages cotonneux, l'air transparent ; une campagne magnifique s'étendait à perte de vue, dorée par un soleil d'automne ; mais cette campagne était silencieuse, sans vie, sans habitation humaine, et en apparence sans un seul habitant humain. Il semble que cette belle région soit condamnée à la solitude ; les Indiens eux-mêmes n'osent s'y arrêter, et en font seulement un but d'excursions rapides et téméraires.

Après une marche d'environ quinze milles, nous campâmes dans une belle péninsule formée par une boucle d'une petite rivière, profonde, claire, presque immobile, et couverte par un bosquet d'arbres magnifiques ; quelques chasseurs allèrent en quête du gibier avant que le bruit du campement l'eût effarouché ; notre métis Beatte prit aussi son fusil, et partit seul en prenant une direction différente de celle des autres.

Quant à moi, je m'étendis sur l'herbe à l'ombre des arbres, je bâtis des châteaux en Espagne, et goûtai les charmes, si réels, si puissans, du repos champêtre. Je ne conçois pas, en effet, un genre de vie plus propre à maintenir le corps et l'esprit en santé, que celui auquel nous étions soumis depuis quelque temps. Une course à cheval de plusieurs heures le matin, variée par des incidens de chasse, un campement l'après-midi, sous un bosquet délicieux aux bords d'un courant limpide ; le soir, un banquet de venaison fraîchement tuée, et des dindons sauvages rôtis ou grillés sur les charbons ; pour dessert le miel des arbres environnans, le tout assaisonné avec un appétit inconnu aux gourmands des villes. Et la nuit, quel doux sommeil en plein air ! quelles agréables veilles dans la contemplation de la lune et des étoiles que l'on voit briller à travers les branches !

Toutefois, en cette occasion, nous eûmes peu de raison de vanter notre garde-manger, on n'avait tué qu'un seul daim pendant la journée, et pas un de ses morceaux n'avait pris le chemin de notre loge. Nous nous trouvâmes heureux de pouvoir passer notre vigoureux appétit sur des restes de dindons apportés du dernier campement, et renforcés d'une ou deux tranches de porc salé. Cependant cette disette ne dura pas long-temps. Avant la nuit, un jeune chasseur revint chargé de nobles dépouilles. Il avait tué un daim, l'avait découpé de main de maître, et mettant la chair dans une espèce de sac fait avec la peau de la bête, il avait chargé le tout sur ses épaules et l'avait apporté au camp.

Peu d'instans après, Beatte parut à son tour avec un faon bien gras sur le cou de son cheval. C'était le premier gibier qu'il nous apportait, et je me réjouis de le voir effacer, par un trophée semblable, le souvenir de la fouine. Il jeta sa proie devant notre feu sans dire mot, se mit sur-le-champ à débrider son cheval, et toutes nos questions sur sa chasse ne purent obtenir de lui que des réponses laconiques.

Cependant si Beatte gardait un silence indien sur ce qu'il avait fait, Tony, en récompense, n'était pas avare de jactance sur ce qu'il comptait faire. Maintenant que nous étions dans un bon pays de chasse, il allait, disait-il, se mettre en campagne, et notre loge serait comblée de gibier. Heureusement son babil ne l'empêchait point d'agir ; il dépeça le faon très adroitement, il en fit rôtir un quartier, le chaudron du café se remplit, et en un moment nous fûmes en mesure de nous dédommager avec luxe de notre maigre dîner.

Le capitaine revint assez tard et les mains vides. Il avait d'abord poursuivi son gibier ordinaire, les daims ; mais il était arrivé sur les traces d'une troupe de plus de soixante élans. N'ayant jamais tué d'animal de cette espèce, et l'élan se trouvant à la mode en ce moment, et l'objet de l'ambition des vétérans du camp, il abandonna la poursuite des daims, et suivit la nouvelle piste. Quelque temps après, il vit les élans, et il eut plusieurs chances pour en abattre, mais il désirait rapporter le plus beau, un mâle qui marchait en avant des autres. Enfin s'apercevant que la bande toute entière était sur le point de lui échapper, il fit feu sur un jeune. Le coup porta ; mais l'animal conserva des forces suffisantes pour continuer de marcher avec ses compagnons. D'après les traces de sang, notre chasseur était sûr de l'avoir mortellement blessé ; cependant la nuit approchait, il ne put suivre la trace, et fut obligé de remettre au lendemain la recherche de la bête morte.

Le vieux Ryan et sa petite troupe ne nous avaient pas encore rejoints, non plus que notre jeune métis Antoine. On se décida, en conséquence, à rester le jour suivant dans notre campement, afin de donner à tous les traîneurs le temps d'arriver.

La conversation du soir, parmi les vieux chasseurs, roula sur les Delawares, cette tribu à laquelle on supposait que le campement vu pendant la matinée avait appartenu. Plusieurs anecdotes furent contées sur leur bravoure à la guerre et leur adresse à la chasse. Ils sont ennemis mortels des Osages, qui redoutent leur valeur désespérée, bien qu'ils l'attribuent à une singulière cause. « Regardez ces Delawares, disent-ils, leurs jambes sont courtes, ils ne peuvent pas courir, il faut donc qu'ils tiennent fermes et combattent jusqu'à ce qu'ils aient tué tous leurs ennemis ou que leurs ennemis les aient tous tués. » En effet les Delawares ont les jambes un peu courtes, et les Osages sont remarquables par le défaut contraire.

Les expéditions des Delawares, soit de guerre, soit de chasse, sont vastes et hardies. Une petite bande de ces Indiens ose quelquefois pénétrer assez loin dans ces déserts périlleux, et poussent leurs campemens jusqu'auprès des montagnes de rochers. Ce caractère aventureux est soutenu par une de leurs superstitions. Ils croient qu'un esprit gardien, sous la forme d'un grand aigle, veille sur eux du haut du ciel, bien au-delà de la portée des yeux.

Quelquefois, s'il est content d'eux, il descend dans les basses régions, et on peut le voir décrivant des cercles sur les nuages blancs avec ses grandes ailes déployées. Quand ces signes favorables apparaissent, on a des saisons propices ; le blé vient bien, et la chasse est heureuse. Cependant il est quelquefois en colère, et alors il exhale sa fureur par le tonnerre, qui est sa voix, et les éclairs, qui sont le feu de ses yeux, et il frappe de mort les objets de son courroux.

Les Delawares font des sacrifices à cet esprit, qui daigne parfois laisser tomber une plume de son aile, comme gage de sa satisfaction. Ces plumes rendent celui qui les porte invulnérable. En effet, les Indiens, en général, croient les plumes d'aigles pourvues de vertus souveraines et occultes. Une fois, un parti de Delawares, dans le cours d'une expédition hardie sur les terres des Pawnies, se trouva entouré au milieu de grandes plaines, et fut presque entièrement détruit. Le reste se réfugia sur le sommet d'une de ces collines isolées et coniques que l'on voit s'élever parmi les prairies, et qui ont l'apparence d'éminences artificielles. Là, le principal guerrier, presque au désespoir, sacrifia son cheval à l'esprit tutélaire. Aussitôt un aigle énorme descendit du ciel, emporta la victime dans ses serres, et, s'élevant dans les airs, laissa tomber une plume de son aile. Le chef s'en saisit plein de joie, l'attacha sur son front, et, conduisant ses guerriers dans la plaine, se fit jour à travers les ennemis, avec un grand massacre de ceux-ci et sans perdre un seul des siens.

CHAPITRE XV.

LE CAMP DES ÉLANS.

Recherche de l'élan blessé. — Histoires des Pawnies.

Au point du jour, nos principaux chasseurs étaient debout, et partaient en différentes directions pour battre le pays. Le frère du capitaine, le sergent Beau, était des premiers en campagne, et rentra avant le déjeuner après une chasse heureuse : il avait tué un jeune daim dans les environs du camp.

Après le déjeuner, le capitaine monta à cheval pour aller chercher l'élan qu'il avait blessé le soir précédent, et qui, d'après ses observations sur les traces de sang, devait être mort de sa blessure. Je me décidai à me joindre à sa recherche, et nous sortîmes ensemble, accompagnés de son frère le sergent et d'un lieutenant. Deux hommes suivaient à pied, pour emporter le faon que le sergent avait tué. Nous eûmes peu de chemin à faire avant d'arriver à la place où il gisait, sur le penchant d'une colline au milieu d'un beau site de bois. Les deux hommes se mirent sur-le-champ à l'ouvrage, et, avec la dextérité des chasseurs, ils dépouillèrent et dépecèrent l'animal, tandis que nous poursuivions notre course. Nous longeâmes les flancs de collines d'une pente douce, parmi des lignes de taillis et des arbres de forêts épars, et nous parvînmes à une place où les longues herbes pressées indiquaient les lits de nombreux élans. C'était là que le capitaine avait vu la troupe qu'il avait poursuivie ; et, après avoir examiné le lieu très soigneusement, il nous montra la trace où l'empreinte des pieds était aussi large que celle des bœufs. Il suivit cette voie, et allait en avant d'un pas tranquille, le reste de la compagnie le suivant à la file, à la façon des Indiens. Enfin il fit halte à l'endroit où l'élan avait été tiré : des taches de sang sur les herbes montraient que le coup avait porté. L'animal blessé s'était évidemment traîné à une certaine distance avec le reste du troupeau ; des traces de sang sur les buissons et les plantes qui bordaient la piste le prouvaient ; mais elles disparurent soudain. « Il doit s'être séparé de la troupe non loin d'ici, dit le capitaine ; quand ces animaux se sentent mortellement blessés, ils s'éloignent des autres, et cherchent une place écartée pour y mourir seuls. »

Cette peinture des derniers momens d'un daim toucha mon cœur, non endurci par le noble exercice de la chasse. Cependant ces mouvemens de pitié sont passagers. L'homme est un animal de proie, et quel que soit le changement produit en lui par la civilisation, il est toujours prêt à retomber dans son instinct destructeur. Je sentais mes penchans sanguinaires et rapaces prendre tous les jours plus de force depuis ma résidence sur les prairies.

Après une recherche minutieuse, le capitaine parvint à trouver la trace séparée de l'élan blessé, qui tournait presqu'à angle droit de celle du troupeau, et entrait sous une forêt ouverte. Les traces du sang devenaient de plus en plus faibles et rares, et se montraient à de plus grandes distances ; enfin elles cessèrent tout-à-fait, et le terrain était si dur, les herbes si sèches qu'il n'était plus possible d'apercevoir l'empreinte des pieds de l'animal.

« Il n'est pas loin, dit le capitaine, ces dindons-buses qui volent en cercles nous l'assurent ; ils planent toujours ainsi au-dessus d'une bête morte. Mais comme l'élan mort ne s'en ira point, suivons les traces des vivans ; ils peuvent avoir fait halte à une distance peu considérable, et nous pourrions les surprendre pendant leur repas et leur envoyer quelques balles. »

Nous revînmes donc sur nos pas, et suivîmes de nouveau les traces des élans, qui nous conduisirent à une assez grande distance, on peut dire par monts et par vaux. De loin à loin nous apercevions un daim bondissant sur une clairière ; mais le capitaine n'était pas disposé à se laisser distraire de sa chasse aux élans par un gibier si inférieur. Une bande de dindons fut aussi effarouchée par les pieds de nos chevaux ; quelques uns s'enfuirent aussi vite que leurs longues jambes pouvaient les emporter ; d'autres volèrent sur les arbres, d'où ils nous regardaient fixement le cou tendu. Le capitaine ne voulut pas souffrir qu'un seul fusil fût déchargé sur eux, de peur d'alarmer les élans qu'il espérait trouver dans le voisinage. Enfin nous arrivâmes où la forêt se termine par une côte escarpée, et nous vîmes la Fourche Rouge décrire au-dessous de nous ses profondes sinuosités entre deux larges rives de sable. La trace descendait la côte, et nous pouvions la distinguer sur le sable jusqu'à la rivière que la troupe avait sans doute passée le soir précédent.

« Il est inutile d'aller plus loin, dit le capitaine. Les élans étaient effrayés, et ils ont peut-être fait vingt milles sans s'arrêter après avoir passé la rivière. »

Alors notre petite compagnie se divisa ; le lieutenant et le sergent firent un circuit à la quête du gibier, et le capitaine reprit avec moi le chemin du camp. Sur notre route nous vîmes des traces de buffles (empreintes depuis un an au moins), de la largeur d'un sentier frayé par des hommes, et profondément enfoncées dans le sol, car ces animaux se suivent ordinairement à la file. Bientôt après nous rencontrâmes deux de nos cavaliers qui chassaient à pied ; ils avaient blessé un élan : en le poursuivant ils avaient trouvé celui que le capitaine avait touché la veille, et ils nous conduisirent à la place où il gisait. C'était un noble animal, de la grandeur d'une génisse d'un an, et il s'était couché dans une partie découverte de la forêt, à un mille et demi de l'endroit où il avait reçu la balle. Les dindons-buses que nous avions vus volaient en cercles au-dessus de lui, et la vérité de la remarque du capitaine fut ainsi prouvée. Il paraît que le pauvre animal, sentant la vie l'abandonner, s'était détourné pour aller mourir seul loin de ses compagnons.

Le capitaine et les deux cavaliers se mirent à l'œuvre avec leurs couteaux de chasse ; la bête était déjà teintée dans l'intérieur, mais on tira des côtes et des cuisses de grands morceaux de chair qui furent mis en tas sur la peau étendue. On fit des trous le long des bords de cette peau, on y passa de grossières cordes, et l'on forma ainsi un sac que l'on attacha derrière la selle du capitaine. Pendant tout le temps de l'opération les dindons-buses planaient sur nos têtes, attendant notre départ pour fondre sur la carcasse, et la dévorer.

Les restes du pauvre élan étant ainsi dépecés, le capitaine et moi nous remontâmes à cheval et retournâmes du côté du camp, et les deux chasseurs continuèrent à battre la campagne. En arrivant au camp, j'y trouvai notre métis Antoine ; après qu'il se fut séparé de Beatte pendant leur recherche des chevaux égarés, il était tombé sur une fausse voie, l'avait suivie plusieurs milles, et avait enfin rencontré le vieux Ryan et ses compagnons, sur les traces desquels il avait marché. Tous ensemble repassèrent l'Arkansas à sept ou huit milles de la place où nous l'avions passée, et retrouvèrent notre camp du vallon, où l'arrière-garde les attendait. Mais Antoine, impatient de nous rejoindre et bien monté, avait suivi nos traces jusqu'à notre camp actuel, portant avec lui un jeune ours qu'il avait tué.

Pendant le reste de la journée, le camp présenta un tableau mêlé de repos et d'activité. Quelques hommes s'occupaient à préparer et à faire rôtir la venaison et la chair de l'ours, afin de l'emballer comme provisions ; d'autres étendaient et apprêtaient les peaux des bêtes qu'ils avaient tuées ; d'autres encore lavaient leur linge dans le ruisseau, et l'étalaient sur les buissons pour le faire sécher ; et un grand nombre étaient couchés dans l'herbe, s'amusant à babiller à l'ombre. De temps en temps un chasseur arrivait à cheval ou à pied, chargé ou les mains vides. Ceux qui rapportaient quelque butin le déposaient devant le feu du capitaine, et filaient ensuite à leurs feux respectifs, pour conter leurs exploits à leurs camarades. Le gibier apporté au camp consistait en six daims ou élans, deux ours et sept ou huit dindons.

Depuis leurs prouesses indiennes au passage de la rivière, nos suivans avaient joui d'un accroissement de considération parmi les cavaliers, et Tony était venu à bout de se faire regarder presque comme un oracle par les plus jeunes recrues qui n'avaient pas encore vu les déserts. Il avait continuellement un cercle autour de lui, écoutant ses contes extravagans sur les Pawnies, avec lesquels il prétendait avoir eu de furieuses rencontres. Dans le fait ces récits étaient de nature à donner les idées les plus terribles de l'ennemi sur les terres duquel nous nous étions introduits. À l'entendre, le fusil du blanc ne pouvait lutter avec l'arc et les flèches du Pawnie. Quand le premier était déchargé, il fallait du temps, de l'adresse pour le recharger, tandis que l'ennemi pouvait lancer ses flèches aussi vite qu'il les tirait de son carquois. De plus, les Pawnies, au dire de Tony, visaient à coup sûr à trois cents toises, et à cette distance leurs flèches perçaient quelquefois un buffle de part en part et en blessaient un autre ; et puis ils savaient si bien se garantir des coups, ils se suspendaient par une jambe sur leur cheval, collaient leur corps le long de ses flancs, et tiraient par dessous le col de l'animal tout en galopant. Si l'on devait en croire Tony, chaque pas offrait un danger sur ces territoires contestés des tribus indiennes. Les Pawnies se tenaient en embuscade parmi les taillis et les ravins ; ils avaient sur les éminences qui dominent les prairies des sentinelles cachées dans les herbes et relevant la tête par momens, afin de surveiller les mouvemens des partis de guerriers ou de chasseurs passant au-dessous d'eux en longues files.

Dans la nuit, disait-il encore, ils rôdent autour des camps en se traînant parmi les herbes et en imitant les mouvemens des loups, afin de tromper les sentinelles avancées, et lorsqu'ils sont à portée, ils leur décochent une flèche dans le cœur, puis se retirent inaperçus. En contant ces histoires, Tony recourait au témoignage de Beatte pour confirmer ce qu'il disait, et la seule réplique de ce dernier était un balancement de tête ou bien un haussement d'épaules ; car son esprit était partagé entre le dégoût pour les gasconnades de son camarade et un souverain mépris pour l'inexpérience des jeunes auditeurs, à l'égard de choses qu'il considérait comme les plus essentielles du monde.

CHAPITRE XVI.

Maladie au camp. — Marche. — Le cheval hors de service. — le vieux Ryan et les traîneurs, — Symptômes de changement de temps, et changement d'humeur.

Le 15 octobre, nous nous préparions à marcher à l'heure accoutumée, quand le capitaine fut informé que trois de ses hommes étaient attaqués de la rougeole, et ne pouvaient se mettre en route, et qu'un autre manquait. Le dernier était un vieil habitant des frontières, nommé Sawyen, que les années n'avaient pas rendu plus sage, et probablement il s'était égaré la veille en chassant sur les prairies. On laissa une garde de dix hommes pour soigner les blessés et attendre le chasseur égaré. Si les premiers se trouvaient suffisamment rétablis au bout de deux ou trois jours, ils devaient nous rejoindre, sinon être reconduits à la garnison. Prenant congé du camp malade, nous nous dirigeâmes à l'ouest, le long des sources de petits ruisseaux qui coulaient tous vers la Fourche Rouge après avoir serpenté dans de profonds ravins. Le terrain élevé, onduleux ou *roulant*, en termes de l'Ouest, était pauvre et sec, mêlé d'un sable-cailloux, universel dans cette partie du pays, et couvert de forêts de chênes. Pendant la matinée je reçus une bonne leçon sur l'importance de conserver son cheval sain et frais sur les prairies. J'avais la faiblesse d'être fier de celui que je montais : il surpassait en vigueur, en activité, tous les chevaux de la troupe, et il était en même temps docile et courageux. En traversant les profonds ravins il gravissait les côtes escarpées comme un chat, et franchissait les petits ruisseaux. J'appris bientôt à mes dépens combien il était imprudent de le laisser se livrer à de tels exercices. En sautant par-dessus un ruisseau, je le sentis fléchir sous moi ; il se soutint encore quelque temps ; mais enfin il tomba, et je vis qu'il avait une épaule démise. Que faire ? il ne pouvait suivre la troupe, et il était trop précieux pour être abandonné sur la place ; la seule alternative était de le renvoyer au camp des malades partager leurs fortunes. Mais une nouvelle difficulté se présenta. Personne ne parut disposé à reconduire le cheval, malgré les récompenses libérales que j'offrais. Soit frayeur inspirée par les histoires de Tony sur les Pawnies, soit crainte de manquer la trace et de s'égarer en revenant, chacun refusait la mission proposée. À la fin, deux jeunes gens s'avancèrent, et consentirent à partir ensemble, afin de pouvoir, s'ils se trouvaient obligés de passer la nuit dans les prairies, veiller et dormir tour à tour.

Le cheval fut confié à leurs soins, et je le regardais d'un œil triste s'éloigner en boitant ; il semblait que toute ma force, toute mon ardeur m'abandonnait avec lui.

Je songeai à le remplacer le mieux possible, et je fixai mon choix sur le beau gris d'argent que j'avais passé à Tony. Mais je n'eus pas plus tôt marqué mon intention de reprendre ce cheval et de donner au créole le poulain surnuméraire, que le petit varlet éclata en remontrances et en lamentations étourdissantes, la respiration lui manquant à tout moment dans son impatience de les émettre. Je vis qu'en le démontant je lui ferais perdre tout son courage et blesserais au vif sa vanité. Je n'eus pas le cœur d'affliger à ce point ce pauvre diable en le dépossédant de ses gloires passagères ; je le laissai donc en possession du noble gris d'argent, et je consentis à faire mettre une selle sur le cheval usé.

Maintenant je comprenais les revers de fortune auxquels un cavalier est exposé sur les prairies ; je sentais à quel point le courage, la confiance de l'homme dépendent de son cheval. Jusqu'alors j'avais pu faire des excursions à volonté en dehors de la ligne, pour aller voir des objets intéressans ou curieux. Maintenant j'étais réduit à prendre l'allure de la rosse que je montais, et condamné à suivre patiemment et lentement celui qui me précédait ; surtout je compris combien il est peu sage, dans des expéditions semblables, où la vie d'un homme dépend si souvent de la force, de la vitesse, de la fraîcheur de sa monture, d'imposer à ce généreux animal des exercices inutiles et capables de l'épuiser.

J'ai remarqué que les chasseurs et les voyageurs des prairies les plus expérimentés épargnent toujours leurs chevaux pendant les routes, et ne les mettent jamais au galop, sauf les cas d'urgence. Rarement les hommes des frontières ou les Indiens font plus de quinze milles par jour, et souvent ils se bornent à dix ou douze ; de plus ils ne s'amusent point à courir ou à caracoler. Parmi nous, cependant, il se trouvait bon nombre de jeunes gens sans expérience, et qui ne pouvaient modérer leur ardeur en se voyant au milieu d'une contrée si abondante en gibier. Il était impossible de les empêcher de quitter leur rang ; et lorsque, dans les ravins et les clairières, les daims partaient à droite et à gauche, les balles sifflaient après eux, et ces jeunes Nembrod s'élançaient à leur poursuite. Une fois ils firent un grand mouvement à l'occasion de ce qu'ils prenaient pour une bande d'ours ; mais ils revinrent bien vite, ayant reconnu que c'étaient des loups noirs qui chassaient de compagnie.

Après une marche de douze milles, nous campâmes, un peu après midi, au bord d'une petite rivière qui coulait lentement à travers un profond ravin. Dans le cours de l'après-midi, le vieux Ryan, le Nestor du camp, reparut avec sa bande. On l'accueillit par de joyeuses acclamations qui prouvaient l'estime que ses confrères les hommes des prairies avaient pour lui. Cette petite troupe revenait chargée de venaison, et le vétéran fit hommage au capitaine d'un beau quartier de la meilleure bête.

Nos hommes, Beatte et Tony, sortirent de bonne heure pour aller chasser ; et, vers le soir, le premier rapporta un daim mâle superbe. Il le jeta à terre en silence, suivant sa coutume, et s'occupa de mettre son cheval en liberté. Tony rentra sans butin, mais tout glorieux des coups extraordinaires qu'il avait faits, bien que les daims blessés lui eussent malheureusement échappé.

L'abondance régnait au camp. Outre le gibier de moindre importance, on avait tué trois élans. Les vétérans prévoyans arrangeaient les viandes superflues de manière à les conserver pour les cas de disette ; les jeunes gens, moins expérimentés, jouissaient du présent et laissaient à l'avenir le soin de se pourvoir lui-même.

Le lendemain matin (19 octobre) je réussis à échanger mon poulain et une somme d'argent raisonnable, contre un cheval vigoureux et agile. Ce fut pour moi une grande satisfaction de me retrouver passablement monté. Cependant je m'aperçus qu'il n'était pas difficile de faire un choix parmi les coursiers de la troupe, car nos cavaliers avaient tous le penchant au trafic par échange, ou, comme ils l'appellent, au *commerce*, si général dans l'Ouest. Pendant l'expédition, il n'y eut peut-être pas un cheval, un fusil, une poire à poudre, une selle ou une couverture, qui n'eût changé de maître plusieurs fois ; et un fin trafiquant se vantait d'avoir, au moyen de marchés réitérés, changé un mauvais cheval contre un bon, et mis cent dollars dans sa poche.

Le temps était couvert et étouffant ; un bruit de tonnerre éloigné se faisait entendre. Ce changement de l'atmosphère eut son effet sur l'esprit de la troupe. Le camp était d'un calme, d'un silence extraordinaires. Point de ces mélodies de basses-cours, de ces chants de coq, de ces caquets de poule ; point de ces farces bruyantes qui se mêlaient communément aux mouvemens de départ. De temps en temps, un court fragment de chanson, un rire bas, un sifflet solitaire, étaient entendus ; mais en général, chacun vaquait à ses devoirs silencieusement et tristement.

Au moment de monter, on vint dire au capitaine qu'il manquait cinq chevaux, que l'on avait en vain cherchés à une assez grande distance dans les environs du camp. Plusieurs hommes furent dépêchés à leur recherche, et cependant le tonnerre continuait de gronder, et nous eûmes une petite averse. Les chevaux, de même que leurs cavaliers, étaient affectés par le changement de temps. Ils se tenaient çà et là, les uns sellés et bridés, les autres libres, mais tous découragés, abattus, la tête basse, une des jambes de derrière en partie repliée, afin de se reposer sur l'extrémité de la corne, et leur peau se ridant à tous momens sous les gouttes de pluie, et renvoyant des nuages de vapeur. Les hommes attendaient aussi en groupes, insoucians et mornes, le retour de leurs camarades, tournant fréquemment un œil inquiet sur les nuages qui s'avançaient avec rapidité. Un temps sombre éveille de sombres pensées. Ils exprimaient la crainte que nous ne fussions épiés par quelque parti indien, qui avait peut-être volé les chevaux pendant la nuit. Toutefois les conjectures les plus générales étaient qu'ils étaient retournés sur leurs pas à notre dernier campement, ou bien qu'ils s'étaient dirigés en droite ligne sur le fort Gibson. À cet égard, l'instinct des chevaux est, dit-on, semblable à celui des pigeons. Ils retrouvent leur logis en prenant la route la plus directe, et en passant par des solitudes qu'ils n'ont jamais traversées.

Après avoir attendu jusqu'à une heure assez avancée de la matinée, on laissa une garde pour attendre les cavaliers traîneurs, et nous nous mîmes en marche, considérablement diminués en nombre. Cela paraissait déplaire fortement à Tony, dont la prudence égalait la valeur, et il donnait à entendre que nous serions beaucoup trop faibles en cas de rencontre avec les Pawnies.

CHAPITRE XVII.

Orage sur les prairies. — Campement d'orage. — Scène de nuit. — Histoires de sauvages. — Cheval effrayé.

Pendant une partie de la journée, nous nous dirigeâmes un peu vers le sud, à travers des forêts irrégulières d'yeuses, arbres chétifs connus dans le pays sous le nom de *post-chênes* et de *jacks noirs*. Le sol sur lequel croissent ces chênes est très peu sûr. Souvent c'est un sable mouvant où les pieds des chevaux glissent d'un côté à l'autre en temps de pluie ; en quelques endroits, ils enfoncent tout à coup dans des terrains de tourbe spongieux. Tel était notre cas en ce moment, grâce à une suite de pluies d'orage, et nous avancions péniblement, plongés dans un morne silence. Plusieurs daims partirent à notre approche ; mais pas un de nos gens ne quitta son rang pour les suivre. Une fois, nous passâmes devant les os et les cornes d'un buffle ; une autre fois, nous vîmes des traces du même animal qui n'avaient pas plus de trois jours de date. Ces signes du voisinage de la grande chasse des prairies ranimèrent un peu nos chasseurs ; mais cet effet ne fut pas de longue durée.

En traversant une prairie d'une médiocre étendue, que les pluies récentes avaient changée en marais glissant, nous fûmes surpris par de violens coups de tonnerre. La pluie tombait par torrens, et coulait avec bruit sur la terre. Toute la campagne fut soudain enveloppée d'une obscurité qui augmentait l'effet éblouissant de larges éclairs, semblables à des nappes de feu. On eût dit que le tonnerre grondait précisément au-dessus de nos têtes, et les bois, les forêts autour et au milieu de la prairie, répétaient en échos prolongés ce roulement majestueux. Hommes et bêtes, mouillés, effarés, harassés, rompaient les rangs, et couraient à l'aventure. La frayeur avait rendu plusieurs chevaux impossibles à conduire, et notre colonne en désordre ressemblait à une flotte dispersée par la tempête, et poussée d'ici et de là, au gré des vents et des flots.

Enfin, à deux heures et demie, nous arrivâmes à un lieu propre à faire halte, et, rassemblant nos forces, nous campâmes dans un bosquet élevé et découvert. À l'instant, la forêt retentit du bruit des haches et du craquement des arbres tombans. De grands feux brillèrent ; on étendit des couvertures devant eux pour servir de tentes ; on forma des logettes en écorces et en peaux, et chaque foyer eut un groupe qui se serrait autour de lui, occupé à se sécher, à se réchauffer ou à préparer un repas réconfortant. Quelques cavaliers déchargeaient ou nettoyaient leurs armes, et les chevaux, débarrassés de leurs harnais et de leurs charges, se roulaient dans les herbes mouillées.

Les averses se succédèrent à de courts intervalles jusque bien avant dans la soirée. On rassembla les chevaux à l'approche de la nuit, et on les mit au vert autour du camp, mais en-deçà des avant-postes. La crainte des Indiens, qui profitent ordinairement des nuits orageuses pour leurs attaques, obligeait à prendre cette précaution. À mesure que les ténèbres devenaient plus noires, nos feux émettaient une clarté plus intense, éclairant fortement des masses de feuillage, tandis que d'autres parties des bosquets restaient dans une profonde obscurité. Près de chaque foyer, on voyait un cercle d'un aspect tout-à-fait surnaturel, et les chevaux paraissaient aussi, à travers les branches, comme des ombres parmi lesquelles un coursier gris se détachait çà et là en brillant relief.

Le bois, ainsi éclairé par la lueur rouge et intermittente des feux, ressemblait à un vaste dôme de feuillage cerné par des ténèbres opaques. Cependant, par intervalles, une suite d'éclairs révélait un paysage étendu, où des champs, des forêts, des ruisseaux paraissaient prendre vie pour quelques secondes ; mais avant que l'œil eût eu le temps de les saisir, ils se perdaient de nouveau dans l'obscurité.

Un orage de tonnerre, sur les prairies comme sur l'océan, emprunte une grandeur, une sublimité additionnelle de l'espace immense et sauvage sur lequel il exerce ses fureurs. Il n'est pas surprenant que ces phénomènes imposans de la nature soient l'objet de la vénération superstitieuse des pauvres Indiens, et qu'ils considèrent la foudre comme la voix du Grand-Esprit en colère. Tandis que nos métis babillaient auprès du feu, je tirai d'eux quelques unes des idées adoptées par les sauvages à ce sujet. Ces derniers prétendent que les tonnerres éteints sont quelquefois trouvés sur les prairies par les chasseurs, lesquels s'en servent pour faire des pointes de flèches ou de lances. Ils assurent qu'un guerrier ainsi armé est invincible ; mais cet avantage est accompagné d'un certain péril. Si par hasard un orage éclate pendant une bataille, le guerrier possesseur de l'arme céleste est sujet à être emporté, et l'on n'entend jamais parler de lui.

Un guerrier de la tribu des Kousas fut surpris par un orage en chassant sur les prairies, et frappé de la foudre, il tomba privé de sentiment. Lorsqu'il revint à lui, il aperçut le trait du tonnerre gisant sur le sol, et à côté de ce trait un beau cheval. Il saisit la bride, sauta sur le coursier, mais il reconnut trop tard qu'il avait enfourché l'*éclair*. En un moment il fut enlevé au-dessus des prairies, des forêts, des rivières, et enfin jeté, sans connaissance, au pied des montagnes de rochers. Quand il reprit ses sens, il se mit en marche pour retourner à sa tribu, mais il voyagea plusieurs mois avant de la retrouver. Cette histoire me rappela une tradition indienne du même genre qui m'avait été contée par un voyageur. Un guerrier avait vu le tonnerre éteint reposant sur la terre, avec une belle paire de mocassins brodés, placée à ses deux côtés : le guerrier, croyant avoir fait une riche trouvaille, se hâta d'enfiler les mocassins, mais ils l'emportèrent dans le pays des esprits, et il n'en revint jamais.

Ce sont là des contes simples et sans art, mais ils ne manquent pas d'un certain intérêt romantique, lorsqu'on les entend de la bouche de narrateurs demi sauvages, autour d'un feu de chasseurs, pendant une nuit orageuse, ayant une forêt d'un côté, de l'autre un désert où le silence n'est interrompu que par des hurlemens, où peut-être des ennemis se glissent pour vous surprendre dans les ténèbres extérieures.

Notre conversation fut interrompue par un violent coup de tonnerre, immédiatement suivi du bruit d'un cheval courant au grand galop dans la campagne. Les pas de l'animal résonnèrent d'abord fortement, ensuite ils devinrent moins distincts, et ils se perdirent bientôt dans l'éloignement.

Quand le son eut cessé de se faire entendre, les auditeurs commencèrent à former des conjectures sur sa cause. Les uns pensaient que le tonnerre avait effrayé ce cheval ; d'autres, qu'un voleur indien l'avait monté et l'emmenait. À cette dernière supposition, l'on objectait que le mode habituel des Indiens est de se glisser près d'un cheval, de le détacher sans bruit, de le monter tout doucement, et de se retirer ensuite le plus silencieusement possible, en tâchant d'emmener d'autres chevaux avec lui, sans donner l'alarme au camp. D'autre part, on disait qu'une pratique également commune aux Indiens était d'arriver en tapinois au milieu d'une troupe de chevaux, pendant qu'ils paissent la nuit, d'en monter un, en prenant soin de ne faire aucun bruit, et de partir ensuite au grand galop. Rien n'est plus contagieux que la terreur parmi les chevaux ; cette fuite soudaine de l'un d'eux épouvante les autres, et tous se mettent à courir pêle-mêle après le fuyard.

Tous ceux dont les chevaux paissaient sur les lisières du camp étaient remplis d'inquiétudes, mais on ne put savoir avant le jour sur qui le malheur était tombé. Ceux qui avaient lié leurs chevaux étaient plus tranquilles ; cependant cette précaution a son désavantage, les chevaux ainsi attachés ne peuvent s'éloigner beaucoup pour chercher pâture, et leurs forces s'en ressentent dans le cours d'un long voyage : plusieurs des nôtres donnaient déjà en effet des signes d'épuisement. Après une nuit sombre et tourmentée, l'aurore parut claire et brillante, et un glorieux lever du soleil transforma le paysage comme par enchantement. Cette horrible solitude des heures précédentes se changea en une belle campagne découverte, variée par des bosquets et des massifs de chênes gigantesques, dont quelques uns s'élevaient isolément et semblaient plantés exprès pour l'ornement du site, ou pour arrêter les jeux au milieu des vastes prairies. Nos chevaux épars, et paissant à travers les bois, donnaient à l'ensemble l'apparence d'un parc immense. On avait peine à se persuader que l'on fût aussi éloigné de toute habitation humaine ; notre campement, seul, avait un aspect sauvage avec ses tentes grossières, formées de blankets et de peaux, et ses colonnes de fumées bleues s'élevant au-dessus des arbres.

Dès que le jour parut, on s'occupa de la recherche des chevaux. Plusieurs s'étaient égarés assez loin, mais ils furent tous ramenés, même celui dont la course désespérée nous avait causé tant de soucis. Il était allé jusqu'à l'une de nos haltes, à environ un mille du camp, et on le retrouva paissant tranquillement.

Le cor sonna le départ à plus de huit heures. Nous risquions maintenant, plus que jamais, d'être attaqués par les Indiens ; aussi la ligne fut formée avec plus d'exactitude qu'on ne lavait fait jusqu'alors. Chacun avait sa place marquée et il était défendu de la quitter pour suivre du gibier, sans une permission spéciale. On mit les chevaux de somme au centre de la colonne, et une forte garde la terminait.

CHAPITRE XVIII.

Une grande prairie. — Château de rochers. — Traces de buffles. — Daim chassé par les loups. — Les forêts transversales.

Après une marche assez longue et très fatigante à travers un pays coupé de ravins et de petites rivières, et encombré de taillis épais, nous débusquâmes sur une grande prairie. Ici l'un des traits caractéristiques des régions les plus éloignées de l'Ouest s'offrit à nos jeux : une immense étendue de pays vert, onduleux, ou, comme on l'appelle sur la frontière, roulant, et çà et là des groupes d'arbres à peine distincts dans le lointain qui produisait l'effet de vaisseaux en pleine mer. La simplicité, la grandeur de ce paysage, lui donnaient une expression imposante, sublime, dont il était impossible de n'être pas vivement frappé. Au sud-ouest, sur le sommet d'une colline, on voyait une Crète ; de rochers d'une apparence singulière : ils ressemblaient à une forteresse démantelée, et me rappelaient les ruines d'un château des Maures couronnant une éminence au milieu d'une solitaire campagne espagnole. Nous donnâmes à cette colline le nom de *Château de Rochers*.

Dans ces vastes régions de chasse, les prairies diffèrent, par la nature de leur végétation, de toutes celles que j'avais vues jusqu'alors : au lieu d'une profusion de hautes plantes fleuries et de longues herbes flottantes, celles-ci étaient couvertes d'un herbage plus court, nommé gazon de buffles, dont les tiges, quoique assez dures, fournissent un abondant pâturage dans leur saison. Maintenant elles étaient presque desséchées, et, en plusieurs places, ne pouvaient plus être broutées.

Nous approchions de cette saison agréable et sereine, mais un peu aride, nommée l'été indien. Une teinte vaporeuse tempérait l'ardeur du soleil et adoucissait les lignes du paysage en jetant sur les objets éloignés un vague mystérieux. Ce voile de vapeurs dorées s'étendait tous les jours de plus en plus, et on l'attribuait à des prairies incendiées au loin par des chasseurs indiens. À peine avions-nous fait quelques pas sur la prairie que nous vîmes des empreintes profondes de pieds d'animaux qui la traversaient en tous sens ; quelquefois deux ou trois allaient en parallèle et à une petite distance l'une de l'autre : celles-ci furent reconnues pour des traces de buffles, sur lesquelles de nombreuses bandes avaient passé. On voyait aussi des traces de chevaux qui furent examinées avec attention par nos chasseurs expérimentés. Ce ne pouvaient être des traces de chevaux sauvages, puisqu'on ne voyait aucune empreinte de poulains. Il était évident que les chevaux n'étaient pas ferrés, ils devaient donc appartenir à des chasseurs pawnies. Dans le cours de la matinée, les traces d'un seul cheval ferré furent aperçues ; peut-être le cheval d'un chasseur cherokis les avait laissées, ou bien c'était un cheval de la frontière volé par les sauvages. Ainsi, en voyageant dans ces solitudes périlleuses, la marque d'un fer de cheval devient un sujet d'observations, de soupçons, de précautions. La question est toujours de savoir si ce vestige vient d'un ami ou d'un ennemi, s'il est récent ou d'ancienne date ; si l'être qui l'a laissé est à portée ou non d'être rencontré.

Nous avancions toujours de plus en plus sur les terres de chasse, et nous voyions à tous momens bondir à droite et à gauche des daims, qui s'enfonçaient dans les taillis ; mais ces apparitions n'excitaient plus la même ardeur de poursuite. En descendant une pente de la prairie, entre deux plis de terrain, nous eûmes le spectacle d'une association de chasse naturelle : sept loups noirs et un loup blanc chassaient de compagnie un daim qu'ils avaient presque réduit aux abois. Ils traversèrent notre ligne sans paraître nous apercevoir ; nous les vîmes courir leur gibier pendant un mille, en gagnant toujours du terrain, et ils sautèrent enfin sur sa croupe au moment où il plongeait dans un ravin. Plusieurs de nos gens poussèrent leurs chevaux sur une hauteur d'où l'on découvrait le ravin. Le pauvre daim était complètement cerné ; les uns le tenaient aux flancs, d'autres à la gorge : il fit deux ou trois efforts, deux ou trois bonds désespérés ; mais il fut entraîné, terrassé, mis en pièces. Les loups noir ; dans leur rage famélique, ne faisaient nulle attention au groupe de cavaliers ; mais le loup blanc, probablement moins déterminé chasseur, les vit, lâcha sa proie, et se mit à fuir à travers la campagne, en faisant lever sur son passage quantité de daims qu'il troublait dans leur repos au fond des ravins, et qui prenaient leur course en différentes directions. C'était une scène complètement sauvage et tout-à-fait digne des territoires de chasse.

Nous avions alors une vue plus étendue de la Rivière Rouge, qui roulait ses eaux troubles entre des collines richement boisées, et animait un vaste et magnifique paysage. Dans ce canton, les prairies voisines des rivières sont toujours variées par des bois placés d'une manière si heureuse qu'on les dirait plantés par la main de l'art. Il manque seulement un clocher de village ou les tours d'un château s'élevant çà et là au-dessus des arbres, pour donner à ces sites agrestes l'apparence des scènes naturelles ornées les plus célèbres de l'Europe.

Vers midi, nous atteignîmes la lisière du bois transversal, cette ceinture de forêts qui s'étend sur quarante milles de largeur à travers le pays, du nord au sud, de l'Arkansas à la Rivière Rouge, et sépare les hautes prairies des prairies basses. Sur les confins de ces forêts, à l'entrée d'une prairie, nous vîmes les traces d'un campement de Pawnies de cent à deux cents loges ; le crâne d'un buffle gisait près du camp, et la mousse qui le couvrait montrait qu'un an au moins s'était écoulé depuis le séjour des Indiens en cet endroit. À environ un mille plus loin, nous campâmes sous un bosquet superbe, arrosé par une fontaine qui formait un beau ruisseau. Notre journée avait été de quatorze milles. Pendant l'après-midi, deux hommes de la troupe du lieutenant King, que nous avions laissés en arrière quelques jours avant pour chercher les chevaux égarés, nous rejoignirent ; tous les chevaux avaient été retrouvés, mais plusieurs à de très grandes distances. Le lieutenant et dix-sept cavaliers étaient restés à notre dernier campement pour chasser un buffle dont ils avaient aperçu les traces récentes ; de plus, ils avaient vu un beau cheval sauvage, mais il s'était enfui avec une vitesse, qui défiait leurs poursuites. On se flattait maintenant de rencontrer le lendemain, non seulement des buffles, mais des chevaux sauvages, et la joie ranima tous les cœurs. Nous avions besoin d'un stimulant de cette sorte, car nos jeunes gens commençaient à se lasser de marcher et de (camper en ordre, et les provisions du jour étaient bornées. Le capitaine et quelques hommes allèrent à la chasse, et ne rapportèrent qu'un daim fort petit et quelques dindons. Nos deux chasseurs, Beatte et Tony, se mirent aussi en campagne. Le premier revint avec un daim couché en travers de son cheval, et le déposa, selon sa coutume, près de notre loge, sans rien dire. Tony revint sans gibier, mais avec sa charge habituelle de contes merveilleux ; lui et les daims qu'il poursuivait avaient tous fait des miracles. Pas un de ces derniers n'était venu à la portée de son fusil sans être touché dans une partie mortelle ; cependant, chose étrange à dire, tous avaient continué leur chemin comme si de rien n'était. Nous décidâmes que Tony, vu la justesse de ses coups, avait probablement tiré avec des balles enchantées ; mais que les daims eux-mêmes étaient probablement enchantés. Cependant il nous rapporta une nouvelle plus importante : il avait vu les traces de plusieurs chevaux sauvages, et maintenant il se voyait sur le point de se signaler par de grands exploits ; car un des talens dont il se glorifiait le plus était son adresse à prendre les chevaux des prairies.

CHAPITRE XIX.

Espérances des chasseurs — Le gué dangereux. — Cheval sauvage.

Ce matin, 21 octobre, le camp fut en mouvement de très bonne heure : chacun était animé de l'espérance de voir des buffles dans le courant de la journée. De toutes parts on entendait le cliquetis des fusils, d'où l'on retirait le petit plomb pour y substituer des balles ; cependant Tony se préparait principalement pour une campagne contre les chevaux sauvages.

Il sortit avec un rouleau de cordes suspendu à l'arçon de sa selle et une paire de baguettes blanches, assez semblables à des bâtons de lignes, et longues de huit à dix pieds avec l'extrémité fourchue. Le *lariat,* ou cordeau roulé, employé à la chasse du cheval sauvage, répond au *lazo* de l'Amérique du Sud ; toutefois il n'est pas lancé par nos chasseurs avec la grâce, la dextérité des Espagnols. Ici, quand le chasseur, après une longue et vive poursuite, se trouve presque tête contre tête avec le cheval sauvage, il jette le nœud coulant du lariat sur le cou de l'animal par le moyen de la fourche, puis le Lassant courir de toute la longueur de la corde, il en joue comme le pêcheur joue avec le poisson pris à l'hameçon, et le soumet par la crainte de l'étranglement.

Tony promettait d'exécuter tout cela à notre complète satisfaction. Nous n'avions pas grande confiance dans ses succès, et nous craignions plutôt qu'il ne nous gâtât un de nos bons chevaux en courant après un mauvais ; car, de même que tous les créoles français, il était rude et impitoyable cavalier. Je me déterminai donc à le surveiller attentivement et à retenir son ardeur chasseresse.

Un ruisseau profond arrêta bientôt notre marche ; il coulait au fond d'un ravin couvert d'un bois épais. Après avoir côtoyé ce courant pendant une couple de milles, nous trouvâmes un gué ; mais il était difficile de descendre au rivage, les bords étant raides, d'un terrain mobile, et encombrés d'arbres forestiers, mêlés de ronces, de buissons et de vignes. Enfin, le cavalier en tête de la file s'ouvrit un chemin à travers les broussailles, et son cheval, posant les deux pieds à la fois, glissa le long de la cote jusqu'à l'étroite rive du ruisseau : il traversa, ayant de l'eau et de la bourbe aussi haut que les sangles, gravit la pente de l'autre côté, et arriva sain et sauf sur le terrain uni.

Toute la ligne suivit le chef de file, et se poussant l'un l'autre, les cavaliers descendirent la côte, et entrèrent dans le ruisseau. Quelques uns manquèrent le gué, et eurent de l'eau par-dessus la tête ; l'un d'eux tomba de cheval dans le milieu du courant. Pour ma part, tandis que j'étais pressé par ceux qui venaient derrière moi, à la descente de la côte je fus arrêté par une vigne aussi grosse qu'un câble qui tombait en feston à la hauteur de mes arçon et qui me les fit vider et me jeta sous les pieds des chevaux : heureusement je m'en tirai sans blessure, je rattrapai mon cheval, je passai le ruisseau sans autre encombre, et je pus me joindre à la gaîté excitée par les comiques désastres du gué.

C'est en de tels pas que les plus dangereuses embûches, les surprises les plus sanguinaires ont lieu dans les guerres des Indiens. En effet, un parti de sauvages embusqué dans les bosquets aurait pu faire un terrible ravage parmi nos hommes, tandis qu'ils étaient engagés au fond du ravin.

Nous débouchâmes alors sur une vaste et magnifique prairie, dorée par les rayons d'un soleil d'automne. Les fréquentes et profondes traces des buffles montraient que nous étions dans un de leurs pâturages favoris ; cependant aucun ne se fit voir. Dans le cours de la matinée, le lieutenant et sa compagnie nous rejoignirent, chargés des dépouilles des buffles qu'ils avaient tués le jour précédent. Un des chasseurs avait été malheureux : son cheval, ayant pris peur à la vue des buffles, avait jeté à terre son cavalier, et s'était sauvé dans les bois,

À ces récits, l'excitation de nos chasseurs, jeunes et vieux, monta presque au degré de fièvre, car il en était peu qui eussent jamais rencontré ce célèbre gibier des prairies. En conséquence, lorsque dans le courant de la journée le cri de *buffle ! buffle !* partait d'un point de la colonne, toute la troupe fut saisie d'une vive agitation. Nous traversions alors une belle partie de la prairie, agréablement variée par des collines, des plis de terrain, des vallons boisés. Ceux qui avaient donné l'alarme désignèrent un grand animal noir qui descendait lentement une pente douce, à environ deux milles de nous.

L'empressé Tony sauta sur la selle, et s'y tint debout, ses bâtons fourchus à la main, en posture de danseur ou d'écuyer de cirque se préparant à un exercice. Après avoir considéré un instant l'animal qu'il aurait pu voir aussi bien sans quitter les étriers, il déclara que c'était un cheval sauvage ; et, se remettant en selle, il allait s'élancera sa poursuite, mais je le rappelai, à son très grand chagrin, et lui ordonnai de rester à son poste.

Le capitaine et deux de ses officiers allèrent reconnaître l'animal. Le capitaine, excellent tireur, avait l'intention de loger une balle dans le côté du cou du cheval ; une blessure semblable leur fait perdre leurs forces pour un moment ; ils tombent, et l'on a le temps de les prendre avant qu'ils aient repris le mouvement. Toutefois, c'est un moyen cruel et hasardé, car un coup mal dirigé peut tuer ou mutiler ce noble animal. Tandis que le capitaine et ses acolytes cheminaient au pas, et latéralement dans la direction du cheval sauvage, nous avancions toujours, en suivant néanmoins des yeux les mouvemens de l'animal. On le vit d'abord marcher tranquillement sur le profil d'un renflement de terrain derrière lequel il disparut, et bientôt les chasseurs furent également cachés par une colline intermédiaire.

Quelques momens après, le cheval reparut à notre droite, justement en face de la colonne, et sortant d'une petite vallée à un trot assez vif ; il était évident qu'il avait pris l'alarme. Il s'arrêta tout court, à notre vue, nous regarda un instant d'un air étonné, puis balançant sa belle tête, il prit sa course majestueuse, en se retournant de temps en temps pour nous regarder d'abord par-dessus une épaule, ensuite par-dessus l'autre, sa crinière flottant au gré du vent. Il traversa une bande de taillis, qui ressemblait de loin à une grande haie, s'arrêta sur un champ découvert au-delà, nous regarda encore une fois avec un beau mouvement de cou, souffla, et balançant de nouveau sa tête, se mit en plein galop et se réfugia dans les bois.

C'était la première fois que je voyais un cheval parcourant ses solitudes natales, dans toute la liberté, tout l'orgueil de sa nature. Combien il me sembla différent de la pauvre victime du luxe, de l'avarice, des caprices de l'homme, harnachée, bridée, subjuguée, mutilée, dégradée dans son caractère comme dans ses habitudes et ses formes !

Après une marche de quinze milles, nous fîmes halte vers une heure, afin de donner aux chasseurs le temps de nous procurer un supplément de provisions. Notre campement était un bosquet spacieux de noyers et de chênes élevés, dégagé de petit bois et bordé par un beau ruisseau. Tout en déchargeant les paquets, notre petit Français se plaignait hautement d'avoir été empêché de poursuivre le cheval sauvage, qu'il aurait très certainement pris. En même temps notre métis sellait son meilleur cheval, puissant animal de race demi sauvage, accrochait un lariat à l'arçon, prenait d'une main son fusil et un bâton fourchu, et sautant sur la selle, partit sans dire un seul mot. Il était évident qu'il allait en quête du cheval sauvage, mais qu'il n'était pas disposé à chasser de compagnie.

CHAPITRE XX.

LE CAMP DU CHEVAL SAUVAGE.

Contes de chasseurs. — Chevaux sauvages. — Le métis et sa prise. — Chasse au cheval. — Animal sauvage dompté.

Les coups de feu que nous entendions de toutes parts montraient que nous étions en un lieu fertile en gibier. Un de nos chasseurs revint en effet bientôt, portant sur ses épaules la chair d'un faon liée dans sa peau ; un second rapporta un daim mâle sur son cheval ; deux autres daims nous arrivèrent ensuite avec un certain nombre de dindons. Tout le gibier était déposé devant la logette du capitaine, pour être distribué par égales portions aux différens feux. En un moment, les broches, les chaudrons, furent en plein exercice, et la soirée entière offrit une scène de bombance et de profusion de chasseurs. Nous avions été, il est vrai, trompés dans l'espérance de rencontrer des buffles ; mais la vue d'un cheval sauvage était une grande nouveauté, et fournit ample matière aux conversations du soir. On conta plusieurs anecdotes sur un fameux cheval gris qui avait rôdé parmi les prairies de ce canton pendant six ou sept ans, déjouant toutes les tentatives des chasseurs pour s'emparer de lui. On disait qu'il pouvait dépasser au pas ou à l'amble le galop des chevaux les plus vites. Des récits également merveilleux étaient faits sur un cheval noir du Brasis, qui paissait sur les prairies voisines de la rivière de ce nom, dans le Texas : plusieurs années de suite il avait échappé aux poursuites. Sa renommée s'étendait au loin ; on offrait pour l'avoir mille dollars ; les plus vigoureux, les plus hardis chasseurs essayaient sans cesse de le prendre ; enfin il tomba victime de sa galanterie, ayant été attiré sous un arbre par une jument privée, et un nœud coulant jeté sur sa tête par un jeune garçon qui s'était perché parmi les branches.

La capture d'un cheval sauvage est un des exploits les plus enviés parmi les tribus des prairies ; c'est, en effet, de cette source que les chasseurs indiens tirent leur principale subsistance. Les chevaux qui vivent sur ces vastes plaines vertes, situées entre l'Arkansas et les établissemens espagnols, sont de différentes formes et de différentes couleurs, auxquelles on reconnaît leur origine diverse. Quelques uns ressemblent au cheval anglais, et descendent probablement de chevaux échappés de nos colonies frontières. D'autres, d'une espèce plus petite, mais vigoureuse, viennent sans doute de la race andalouse amenée par les premiers colons espagnols.

Certains spéculateurs fantasques veulent même voir en eux les descendans des coursiers arabes transplantés d'Afrique en Espagne, et de là en ce pays. Ils se complaisent dans la pensée que les ancêtres de ces chevaux sauvages ont appartenu au pur sang des nobles destriers du désert qui portèrent Mahomet et ses vaillans disciples sur les plaines sablonneuses de l'Arabie.

Les mœurs des Arabes semblent en effet avoir été apportées avec ces animaux. L'introduction des chevaux sur les plaines sans bornes de l'Ouest changea la façon de vivre de leurs habitans, en leur donnant la facilité, si chère à l'homme, de changer rapidement de place. Au lieu de guetter les animaux dans les forêts, et de suivre péniblement les labyrinthes des déserts de broussailles, comme leurs frères du Nord, les Indiens de l'Ouest sont les corsaires des plaines ; ils vivent au soleil, en plein air, presque toujours à cheval, sur des prairies tapissées de fleurs et sous un ciel sans nuages.

Je restai assez tard, couché auprès du feu du capitaine, écoutant des histoires sur ces pirates des prairies, et me livrant à quelques réflexions de mon cru. Soudain de grandes clameurs et des cris de triomphe s'élevèrent à l'autre extrémité du camp, et l'on vint nous apprendre que Beatte le métis avait amené un cheval sauvage.

En un moment, tous les feux sont abandonnés, et l'on se presse pour voir l'Indien et sa prise. C'était un poulain d'environ deux ans, de belle venue, parfaitement bien fait, avec des yeux saillans, et annonçant par ses mouvemens et l'expression de sa tête une grande vivacité, mais en même temps de la douceur. Il regardait autour de lui, d'un air de profonde surprise, les hommes, les chevaux, les feux ; tandis que l'Indien, debout devant lui, les bras croisés, tenait le bout de la corde qu'il avait passée au cou de son captif, en fixant sur lui des regards d'une fermeté imperturbable. Beatte, comme je l'ai déjà dit, avait le teint olivâtre et des traits marqués, assez semblables aux bronzes de Napoléon. Ainsi posé en face de sa capture, dans une complète immobilité, il avait plutôt l'air d'une statue que d'un homme. Cependant, si le cheval manifestait la moindre velléité de résistance, Beatte lui faisait sentir à l'instant son pouvoir en le tiraillant d'abord d'un côté, puis de l'autre, par le lariat, comme s'il eût voulu le jeter à terre. Quand il l'avait ainsi dominé quelques instans, il reprenait son attitude de statue, et le regardait en silence.

L'ensemble de la scène était singulièrement frappant. Les grands arbres illuminés partiellement par les feux de camp, les chevaux paissant çà et là dans le bosquet, les pièces de gibier suspendues aux branches, et, au milieu de ces objets agrestes, le chasseur sauvage et sa prise sauvage entourés d'une foule d'admirateurs non moins sauvages, les acteurs, le théâtre, les accessoires, tout était dans une parfaite harmonie. Plusieurs jeunes cavaliers, dans la première ferveur de leur enthousiasme, cherchèrent à obtenir le cheval par échange ou autrement ; ils en offraient même des prix extravagans. Mais Beatte repoussa toutes leurs propositions. « Vous offrez grands prix maintenant, disait-il, et demain vous serez fâchés de votre marché, et vous direz : *Damné Indien !* »

Les jeunes gens le pressaient de questions sur sa manière de prendre les chevaux ; mais ses réponses étaient sèches et laconiques : il conservait évidemment quelque ressentiment d'avoir été mal jugé ; d'ailleurs il regardait avec dédain ces novices si peu versés dans les nobles sciences des bois.

Cependant, lorsqu'il fut assis près de notre foyer, je tirai de lui facilement les détails de son exploit ; car, bien qu'il fut généralement taciturne avec les étrangers, et peu enclin à se vanter de ses actions, sa réserve, comme celle de tous les Indiens, se relâchait en certains momens.

Il me dit qu'en sortant du camp, il était retourné à la place où l'on avait perdu de vue le cheval sauvage. Il retrouva bientôt ses traces, et les suivit jusqu'aux bords de la rivière. Là, comme il pouvait distinguer mieux les empreintes des pieds sur le sable, il s'aperçut qu'un des sabots de l'animal était défectueux, et abandonna sa poursuite.

En revenant au camp, il rencontra une troupe de six chevaux qui se dirigèrent immédiatement vers la rivière. Il les suivit sur l'autre rive, y laissa son fusil, et mettant son cheval au galop, regagna bientôt les fugitifs. Il essaya d'en prendre un ; mais le lariat tomba sur une oreille, et l'animal put s'en débarrasser sans peine. Les chevaux montèrent d'un trait une colline ; il la monta sur leurs talons, et tout à coup il vit leurs queues relevées en l'air, ce qui montre qu'ils sont prêts à se plonger dans un précipice. Il n'était plus temps de reculer ; l'élan était donné : vaincre ou mourir ! Il ferma les yeux, retint son haleine, et se lança à leur suite. La descente était de vingt a trente pieds ; mais tous arrivèrent sains et saufs sur un fond de sable.

Alors il réussit à jeter le lariat au cou d'un beau jeune cheval. Tandis qu'il galopait en ligne parallèle avec lui, les deux chevaux passèrent des deux côtés d'un jeune sapin, et le lariat fut arraché de sa main. Il le reprit ; mais un moment après, un accident semblable l'obligea encore de le lâcher. Enfin il arriva dans un lieu plus découvert, et put jouer avec le poulain en le laissant aller et en le retenant tour à tour, jusqu'à ce qu'il l'eût assez complètement subjugué pour le conduire à l'endroit où il avait laissé son fusil.

Ici, une autre difficulté formidable se présentait, le passage de la rivière. Les deux chevaux restèrent un instant embourbés, et Beatte fut presque désarçonné par la force du courant et les efforts de son captif. Cependant, après beaucoup de peines et d'inquiétudes, il parvint à l'autre bord, et ramena sa prise au port.

Pendant le reste de la soirée, tout le camp fut dans un état d'excitation prodigieuse. On ne parlait que de captures de chevaux sauvages. Les plus jeunes de la troupe voulaient se dévouer à cette chasse aventureuse, et chacun se promettait *in petto* de ramener en triomphe un des sauvages coursiers des prairies. Beatte avait pris en un moment un haut degré d'importance ; il était le chasseur par excellence, le héros du jour Les cavaliers les mieux montés lui offraient de se servir de leurs chevaux pour ses chasses, à condition qu'il leur donnerait une part dans les prises. Beatte recevait les honneurs en silence, et n'acceptait aucune des offres ; mais notre petit Français babillard compensait la taciturnité de son compagnon, en se vantant, à propos de cette capture, comme s'il l'eût effectuée lui-même. Il disserta sur le sujet si savamment, et parla d'un si grand nombre de chevaux qu'il avait pris, que l'on ne pouvait s'empêcher de l'écouter comme un oracle, et quelques uns de ses plus jeunes auditeurs penchaient à croire le loquace Tony supérieur même au silencieux Beatte.

La fermentation excitée par cet événement tint le camp éveillé bien au-delà de l'heure ordinaire. Il s'élevait, des groupes rassemblés autour des feux épars, un bourdonnement de voix interrompu de temps en temps par de longs éclats de rire ; et la nuit était à moitié passée avant que tout le monde fut endormi. Avec le jour, l'excitation se renouvela. Beatte et son cheval sauvage étaient encore le point de mire, l'objet principal des regards et des conversations du camp. Le captif avait passé la nuit attaché parmi les autres chevaux. Beatte le fit marcher encore en le tenant par un lariat, et sitôt qu'il montrait la moindre envie de se révolter, il le secouait et le tourmentait comme il avait fait la veille, jusqu'à ce qu'il l'eût réduit à une soumission passive. Il paraissait d'un caractère doux et docile, et son œil avait une expression touchante. Dans cette situation étrange et abandonnée, le pauvre animal semblait chercher protection, sympathie auprès de ce même cheval qui avait aidé à le prendre. Encouragé par sa docilité, Beatte essaya, un peu avant de nous mettre en marche, d'attacher un léger paquet sur son dos, et de lui donner ainsi la première leçon de servitude. Mais l'orgueilleuse indépendance native de l'animal se réveillant à cette indignité, il rua, se cabra, employa tous les moyens possibles pour se délivrer de la charge dégradante. Cependant l'Indien était trop puissant pour lui : à chaque paroxysme, il renouvelait la discipline du licou ; enfin la malheureuse bête, sentant l'inutilité de lutter, se jeta à terre, et resta aplatie, sans mouvement, comme si elle s'avouait vaincue. Certes, un héros de théâtre, représentant le désespoir d'un prince captif, n'aurait pu jouer son rôle d'une manière plus dramatique : il y avait une véritable grandeur morale dans cette action.

L'imperturbable Indien se croisa les bras, et resta un peu de temps à considérer en silence son captif ; et quand il le vit bien complètement subjugué, il hocha la tête lentement, sa bouche se contracta en un sourire de triomphe sardonique, et, par une secousse donnée au licou, il ordonna au cheval de se lever. Il obéit, et de ce moment ne fit plus aucune tentative de résistance. Pendant cette première journée, on le conduisit en lesse, avec le paquet sur le dos, et il le porta patiemment : deux jours après, on le laissa marcher en liberté parmi les chevaux surnuméraires. Je ne pouvais m'empêcher de regarder d'un œil de pitié ce bel animal, dont l'existence avait été si soudainement changée. Au lieu de parcourir, au gré de ses caprices, ces vastes pâturages, allant de plaine en plaine, de prairie en prairie, broutant toutes les herbes, toutes les fleurs, buvant les eaux de tous les ruisseaux, il se voyait condamné à une servitude perpétuelle et pénible, à passer sa vie sous le harnais, peut-être au milieu du bruit, de la poussière, de la confusion des villes. Cette brusque transition dans sa destinée pouvait se comparer à celles qui ont souvent lieu dans les affaires humaines, surtout dans le sort des individus les plus élevés. Aujourd'hui prince des prairies, le jour suivant, cheval de bât !

CHAPITRE XXI.

Le gué de la Fourche Rouge. — Arides et tristes forêts. — Buffles.

Nous levâmes le camp du Cheval Sauvage à huit heures moins un quart, et après avoir fait environ quatre milles, en nous dirigeant presque au sud, nous arrivâmes sur les bords de la Fourche Rouge, et, suivant nos calculs, à soixante-quinze milles au-dessus de son embouchure. Cette rivière avait à cette place trois cents toises de largeur, et coulait entre des bancs de sable et des bas-fonds : ses rives, et les longues bandes de sable qui avançaient dans son lit, étaient empreintes des traces de différens animaux qui étaient venus la traverser ou boire ses eaux.

L'on fit halte, et l'on tint conseil sur le passage de la rivière, qui pouvait être dangereux à Cause des sables mouvans. Beatte, qui avait marché un peu en arrière, survint pendant le débat ; il était monté sur son cheval demi sauvage, et menait son captif par la bride. Sans articuler un seul mot, il remit le dernier à Tony, poussa son cheval dans le courant, et le traversa heureusement. Cet homme agissait ainsi en toutes choses, avec résolution, promptitude, silence, ne promettant rien d'avance, ne se vantant de rien après. La troupe suivit l'exemple de Beatte, et atteignit la rive opposée sans aucun accident, bien que l'un des chevaux de bât, en s'éloignant un peu de la ligne, eût failli enfoncer dans un sable mouvant, et en fut retiré avec beaucoup de peine.

Après avoir passé la rivière, nous devions nous frayer un chemin, pendant près d'un mille, à travers un marais de cannes qui, au premier coup d'œil, semblait une masse impénétrable de roseaux et de ronces. C'était un rude travail. Les chevaux enfonçaient souvent jusqu'aux sangles dans la bourbe, et hommes et bêtes étaient déchirés, arrêtés sans cesse par les épines et les buissons. Cependant une trace de buffles se trouvant sous nos pas, elle nous conduisit hors de ce marécage, et nous montâmes une côte, et vîmes une belle contrée découverte s'étendre devant nous, et à notre droite la ceinture de forêts allant aussi loin que la vue pouvait s'étendre vers le sud. Bientôt nous quittâmes la plaine pour entrer dans les bois, l'intention du capitaine étant de porter au sud sud-ouest, et de traverser cette ligne de forêts obliquement pour arriver aux confins de la grande prairie occidentale : il pensait, en se dirigeant ainsi, se rapprocher de la Rivière Rouge tout en traversant la ceinture de forêts.

Ce plan était judicieux ; mais il se trouva erroné faute de connaissances exactes sur la nature du pays. Si nous eussions marché directement à l'ouest, deux journées nous auraient conduits hors des forêts, et nous aurions eu un chemin facile le long des lisières des prairies supérieures jusqu'à la rivière. En allant diagonalement, au contraire, nous eûmes plusieurs journées pénibles à travers des bois sur un sol raboteux et rude.

Ces forêts transversales forment une bande de quarante milles de largeur, sur un pays inégal, coupé de petites collines et de bouquets d'yeuses épars ; quelques vallées offrent de bons pâturages dans la saison ; mais on trouve plus souvent de profonds ravins, qui deviennent, dans le temps des pluies, les lits de torrents tributaires des rivières, et nommés *branches*. Au printemps. cette contrée peut avoir un aspect agréable quand la terre est tapissée d'herbes vertes, le feuillage frais, les clairières animées par des ruisseaux. Malheureusement nous arrivions trop tard, l'herbe était desséchée, les feuillages jaunissaient, une teinte brune et triste dominait sur le paysage ; le feu des prairies incendiées par les chasseurs indiens avait, en plusieurs endroits, pénétré dans les forêts, et les flammes légères avaient couru le long des herbes, et grillé les bourgeons et les branches les plus basses des arbres, en les laissant tout noirs et assez durs pour entamer la chair des hommes et des animaux obligés de s'ouvrir un chemin au milieu d'eux. Je n'oublierai de long-temps la mortelle fatigue, les tourmens de corps et d'esprit auxquels nous fûmes exposés en traversant ce qu'on pouvait appeler une forêt de fer.

Une rude marche de plusieurs milles nous conduisit à une suite de collines et de vallées découvertes, entremêlées de bois. Là, nous fûmes tirés de notre accablement par le cri de Buffle ! buffle ! On éprouve un effet semblable lorsqu'on entend crier en mer : Voile ! voile ! Ce n'était pas une fausse alarme : trois ou quatre de ces énormes animaux étaient visibles à notre droite, paissant sur le penchant d'une colline éloignée.

Il se fit un mouvement général, et ce fut avec beaucoup de difficulté que l'on vint à bout de réprimer l'ardeur des plus jeunes de la troupe. Le capitaine et deux de ses officiers, après avoir donné l'ordre de continuer de marcher dans la même direction, allèrent au pas du côté des buffles, accompagnés de Beatte et de Tony, qu'il fut impossible de retenir ; il extravaguait de joie en se voyant prêt à montrer ses prouesses à la chasse des buffles.

Bientôt les collines intermédiaires nous dérobèrent la vue du gibier et des chasseurs. Nous continuâmes notre course en cherchant un lieu convenable pour le campement ; ce qui n'était point facile à trouver, presque tous les ruisseaux étant il sec, et le pays dépourvu de sources.

Quand nous fumes à quelque distance, ou cria encore : Au buffle ! et deux de ces animaux furent montrés sur une colline à gauche. Le capitaine étant absent, on ne put retenir les jeunes chasseurs dans les rangs : plusieurs s'élancèrent, et en un moment disparurent dans les ravins ; les autres continuèrent leur marche, désireux de trouver un bon campement.

Nous commencions, en effet, à sentir les désavantages de la saison ; le pâturage des prairies était rare et desséché, les pois-vignes des fonds boisés étaient fannés, et la plupart des branches ou ruisseaux étaient à sec. Tandis que nous errions dans cette perplexité, le capitaine nous rejoignit avec toute sa troupe, à l'exception de Tony. Ils avaient poursuivi un buffle assez loin, sans arriver à portée de le tirer, et ils avaient renoncé à la chasse, de crainte de fatiguer les chevaux ou d'être menés trop loin du camp. Cependant le petit Français avait galopé après les buffles comme un fou ; et quand ses compagnons l'avaient perdu de vue, il était engagé, pour ainsi dire, vergues contre vergues avec un grand buffle mâle, et tirait presque à bout portant sur ses flancs. *Je pense ce petit homme être un peu fou,* observa Beatte froidement.

CHAPITRE XXII.

LE CAMP DE L'ALARME.

Feu. — Indiens sauvages.

Nous trouvâmes enfin une halte dont il fallut nous contenter. C'était un bosquet de chênes nains, sur les bords d'un ravin profond, au sein duquel restaient encore quelques petites flaques d'eau. Nous étions au pied d'une colline doucement inclinée, couverte d'herbes à moitié desséchées, qui fournissaient un maigre pâturage. À la place occupée par le camp, l'herbe était longue et flétrie ; la vue était bornée tout autour par de gracieuses ondulations du terrain.

On vaquait à l'établissement du camp, lorsque Tony arriva tout glorieux de sa victoire. Autour de son cheval blanc étaient suspendus des quartiers de chair de buffle. Suivant son rapport, il avait abattu deux puissans taureaux. Nous rabattîmes, comme de coutume, la moitié de ce qu'il déclarait ; mais maintenant qu'il pouvait se vanter de quelque chose de réel, personne ait monde n'aurait pu mettre un frein à sa langue.

Après avoir satisfait en partie à sa vanité, en racontant ses exploits, il nous dit qu'il avait observé de nouvelles traces de chevaux, et que plusieurs circonstances lui faisaient supposer qu'elles venaient d'une bande de Pawnies. Cette nouvelle excita un peu d'inquiétude. Les jeunes gens qui avaient quitté la ligne pour chasser les deux buffles n'étaient point revenus. On exprima la crainte qu'ils n'eussent été attaqués. Notre chasseur vétéran, le vieux Ryan, s'était aussi éloigné du camp, à pied, dès qu'on avait fait halte, avec un jeune disciple. « Ce vieil homme aura sa tête cassée par les Pawnies, disait Beatte ; il pense, lui, connaître toutes choses, mais il ne connaît pas du tout les Pawnies. »

Le capitaine prit son fusil, et alla à pied reconnaître le pays du sommet découvert d'une colline voisine. En même temps on déharnachas les chevaux pour les laisser paître en liberté dans les champs adjacens ; on coupa le bois, on alluma les feux, on prépara le repas du soir. Soudain on entendit crier : *Le feu dans le camp !* La flamme de l'un des foyers avait pris aux grandes herbes sèches ; une forte brise soufflait, en peu d'instans le camp risquait d'être embrasé. « Prenez soin des chevaux ! » criait l'un, « Retirez le bagage ! » criait un autre : c'étaient un bruit, une confusion effroyables. Les chevaux fuyaient de tous côtés ; les hommes saisissaient leurs armes, leurs munitions ; d'autres emportaient les selles et les paquets, mais pas un ne pensait à éteindre le feu, et probablement pas un ne savait comment on pouvait l'éteindre. Cependant Beatte et ses compagnons l'attaquèrent à la façon des Indiens « en amortissant les bords de l'incendie avec des couvertures et des housses, et en tâchant d'empêcher la conflagration de s'étendre dans l'herbe. Les cavaliers suivirent leur exemple, et les flammes cessèrent très promptement.

Alors on ralluma les feux sur des places où l'herbe sèche avait été arrachée. Les chevaux, dispersés dans une petite vallée, broutaient l'herbage rare qu'elle conservait. Tony préparait un souper splendide, avec sa viande de buffle, et nous promettait une soupe succulente et un admirable rôti ; mais nous étions condamnés à éprouver une autre alarme bien plus sérieuse.

On entendis les cris éloignés de quelques cavaliers, sur la colline, dans lesquels nous distinguions seulement ces mots : « Les chevaux ! les chevaux ! faites rentrer les chevaux ! »

Soudain une clameur de voix s'élève : les exclamations, les demandes, les répliques, se croisent, se mêlent ; il est impossible de rien comprendre à ce qu'on dit ; chacun expose à la hâte ses propres conjectures.

L'un dit : « Le capitaine a fait lever des buffles et a besoin de chevaux pour les chasser. » Aussitôt un grand nombre de cavaliers s'élancent vers le sommet de la colline, « La prairie est en feu au-delà de la colline ! criait un autre, je vois la fumée. Le capitaine pense qu'il faut chasser les chevaux de l'autre côté du ruisseau. »

Cependant un cavalier descendait du sommet de l'éminence, et atteignit bientôt les limites du camp. Il était hors d'haleine, et put seulement articuler avec difficulté que le capitaine avait vu des Indiens à quelque distance.

Pawnies ! Pawnies ! fut le cri en un moment répété par tous nos jeunes étourdis.

« Faites rentrer les chevaux ! » disait l'un ; « Sellez les chevaux ! » s'écriait un autre ; « En ligne ! » criait un troisième. Le bruit, la confusion, étaient au-delà de toute description. Les cavalier, couraient, à travers les champs voisins, à la poursuite e leurs chevaux. Celui-ci traînait le sien par un licou ; celui-là, tête nue, montait le sien à poil ; un autre poussait devant lui un cheval attaché, qui allait en faisant des sauts maladroits, comme un kangurou.

L'alarme croissait. On vint dire qu'on avait vu, de l'extrémité inférieure du camp, une bande de Pawnies dans une vallée voisine. « Ils avaient atteint le vieux Ryan à la tête, et poursuivaient ses compagnons. — Non, ce n'était pas le vieux Ryan qu'ils avaient tué, c'était un des chasseurs qui avaient poursuivi les deux buffles. — Il y a trois cents Pawnies derrière la colline ! cria une voix. — Beaucoup plus, beaucoup plus, s'écriait une autre. »

Notre position entre ces collines nous empêchait de voir à une certaine distance, et nous laissait en proie à toutes ces rumeurs. On se croyait sur le point d'être attaqué par des ennemis nombreux et redoutables. En ce moment les chevaux, rassemblés dans l'intérieur du camp, erraient parmi les feux, et marchaient sur le bagage. Chacun se préparait à l'action ; mais on se trouvait dans un grand embarras. Pendant la dernière alarme de feu, les harnais, les armes et autres objets d'équipement avaient été déplacés et jetés pêle-mêle sous les arbres.

« Où est ma selle ? disait l'un. — Quelqu'un n'a-t-il vu mon fusil ? criait l'autre. — Qui veut me prêter une balle ? j'ai perdu mon sac, disait un troisième. — Pour l'amour du ciel, aidez-moi à sangler ce cheval, il est si rétif que je ne puis en venir à bout. » Dans son trouble, celui-ci avait posé la selle le devant derrière.

Quelques uns affectaient de plaisanter et de parler hardiment ; d'autres ne disaient rien, mais se hâtaient de préparer leurs chevaux et leurs armes ; et je comptais beaucoup plus sur le courage de ceux-ci. Plusieurs semblaient réellement exaltés à l'idée d'une rencontre avec les Indiens ; mais pas un ne l'était au degré de mon compagnon de voyage, Suisse qui avait une passion décidée pour les aventures sauvages. Notre métis Beatte conduisit ses chevaux sur les derrières du camp, posa son fusil contre un arbre, puis s'assit près du feu, dans un silence complet. D'autre part, le petit Tony, qui s'occupait du souper avec une grande activité, suspendait à chaque instant ses travaux pour fanfaronner, chanter, jurer, déployer une gaité extraordinaire, qui me fit soupçonner qu'un peu de frayeur s'était glissée au fond de son cœur, et causait toute cette effervescence.

Une douzaine de cavaliers, aussitôt qu'ils eurent sellé leurs chevaux, partirent dans la direction où l'on avait dit que les Pawnies avaient attaqué nos chasseurs. Il fut décidé que, dans le cas où le camp serait assailli, les chevaux seraient mis dans le ravin derrière le campement, à l'abri des balles et des flèches, tandis que nous prendrions position le long des bords de ce même ravin, les arbres et les buissons qui l'entouraient étant propres à détourner les flèches de l'ennemi et à nous servir de retranchements. On savait d'ailleurs que les Pawnies évitent en général d'attaquer en des lieux couverts, leur manière de combattre étant avantageuse seulement sur les plaines découvertes, où la vitesse de leurs chevaux leur permet de fondre comme des vautours sur leur ennemi, de tourner autour de lui et de décocher leurs flèches avec certitude. Toutefois je ne pouvais me dissimuler que si nous étions attaqués par ces sauvages belliqueux et bien montés, en nombre aussi considérable qu'on nous l'avait fait craindre, nous serions exposés à de grands dangers par l'inexpérience, le défaut de discipline des nouvelles recrues, et même par le courage de la plupart de ces jeunes soldats qui brûlaient de se signaler.

En ce moment le capitaine rentra, et chacun l'entoura pour apprendre des nouvelles. Il nous dit qu'après avoir poussé à quelque distance sa reconnaissance, il revenait lentement au camp, le long de la crête d'une colline découverte, lorsqu'il avait vu, sur le bord d'une colline parallèle, un objet qui ressemblait à un homme. Il s'arrêta et observa cet objet, mais il resta parfaitement immobile, et il supposa que c'était un buisson ou la cime d'un arbre au-delà du coteau. Il se remit en marche, et l'objet commença à se mouvoir dans la même direction. Une autre forme se leva près de la première, comme quelqu'un qui aurait été précédemment couché à terre, ou qui arriverait de l'autre côté de la colline. Le capitaine s'arrêta, et les regarda ; ils s'arrêtèrent aussi. Alors il s'assit à terre, et ils recommencèrent à marcher. Il se releva, et ils s'arrêtèrent comme pour observer ses mouvemens. Il savait que les Indiens étaient dans l'usage de placer des sentinelles ou espions sur les hauteurs, et la conduite de ces deux hommes accroissait ses soupçons à leur égard. Il mit son bonnet au bout de son fusil, et l'agita en l'air ; lis lie répondirent point à ce signal. Alors il continua de marcher vers la lisière d'un bois, sous lequel il se mit hors de leur vue pendant quelques momens. Il en sortit ensuite, et regarda ce qu'ils devenaient ; ils couraient très vite en avant, et la colline sur laquelle ils étaient décrivant une courbe vers celle qu'il descendait lui-même, ils avaient sans doute l'intention de lui couper le chemin du camp. Il pensa que ces gens pouvaient appartenir à un parti nombreux d'Indiens se tenant en embuscade ou marchant daiis la vallée au-delà de la colline ; il se hâta donc de gagner le campement, et, découvrant sur une éminence, intermédiaire quelques uns de ses hommes, il leur cria de passer l'ordre de mettre les chevaux en sûreté, parce qu'ils sont en général le premier objet des déprédations indiennes.

Telle fut l'origine de l'alarme qui avait ému tout le camp. Plusieurs de ceux qui entendirent la narration du capitaine ne doutèrent point que les hommes de la colline ne fussent des espions des Pawnies, appartenant à un parti dans les mains duquel nos chasseurs étaient probablement Lombes. Des coups de feu éloignés, se faisaient entendre par intervalles, et l'on supposait qu'ils étaient tirés par ceux qui avaient été au secours de leurs camarades. Quelques cavaliers, ayant complété leur équipement, galopèrent dans la direction du feu ; d'autres restaient, visiblement agités et inquiets.

« S'ils sont aussi nombreux qu'on le dit, et aussi bien montés qu'ils ont coutume de l'être, nous sommes mal en point pour les recevoir, avec nos chevaux épuisés, dit un de nos hommes.

— Eh bien, répondit le capitaine, nous avons un fort campement ; nous pouvons soutenir un siège.

— Oui ; mais s'ils mettent le feu à la prairie, la nuit, nous serons grillés dans nos retranchemens.

— Nous ferons un contre-feu. »

On vint annoncer alors qu'un homme à cheval s'approchait du camp. « C'est un de nos chasseurs ! — C'est Cléments ! — Il porte de la chair de buffle ! » s'écrièrent plusieurs voix à mesure que le cavalier avançait.

C'était en effet un des cavaliers qui, avaient été le matin à la poursuite des deux buffles. Il entra au camp, chargé des dépouilles de sa chasse, et suivi de ses compagnons, tous également sains, et leurs montures également entourées de sanglans trophées. Ils racontèrent quelle course furieuse ils avaient faite en suivant les buffles, et combien de coups ils avaient tirés avant d'abattre un de ces animaux.

« Bon, bon ; mais les Pawnies !.... les Pawnies ! Où sont les Pawnies ?

— Quels Pawnies ?

— Les Pawnies qui vous ont attaqués !

— Personne ne nous a attaqués.

Mais n'avez-vous pas vu des Indiens sur votre chemin ?

— Ah, oui ! Deux de nous étant montés sur le sommet d'une colline pour reconnaitre le chemin du camp, ils virent sur une éminence opposée une singulière figure d'homme qui à ses gestes bizarres leur sembla un Indien.

— Bah ! c'était moi », s'écria le capitaine. Ici toutes les langues s'exercèrent à la fois. L'alarme était venue de la méprise mutuelle du capitaine et des deux chasseurs. À l'égard de l'histoire des trois cents Pawnies et de leur attaque, il se trouva que c'était une mauvaise plaisanterie, de laquelle on cessa de s'occuper, bien qu'à mon avis son auteur eût mérité d'être cherché et sévèrement puni.

Les probabilités de combat étant, éloignées, chacun songeait maintenant à manger, et sur ce point tous les estomacs étaient à l'unisson dans le camp. Tony nous servit le régal promis, de soupe et de rôti de buffle. La soupe était horriblement poivrée, et le rôti avait sans doute fait partie d'un taureau patriarche des prairies. Jamais je ne broyai sous mes dénis une viande plus coriace ; mais c'était la première fois que nous tâtions de cette chair renommée ; la foi suppléait au goût, et notre petit cuisinier ne nous laissa point de repos qu'il ne nous eut fait avouer l'excellence de son apprêt, en dépit du démenti que le poivre donnait dans notre gorge à cet aveu complaisant.

La nuit était close, et le vieux Ryan et ses compagnons n'étaient pas encore revenus ; mais on était accoutumé aux aberrations de ce coq des bois, et l'on ne montra aucune inquiétude sur son compte. Après les fatigues et les agitations de la journée, le camp fut bientôt plongé dans un profond sommeil, excepté les sentinelles, qui se tinrent sur leurs gardes avec plus de vigilance que de coutume, en raison des traces de Pawnies récemment vues, et de la certitude que nous étions au milieu de leur territoire de chasse. Vers dix heures et demie, une nouvelle alarme nous réveilla tous. Une sentinelle fit feu, et accourut dans le camp en criant que les Indiens étaient proches.

Chacun fut sur pied en un moment. L'un prenait son fusil, l'autre sellait son cheval ; plusieurs coururent à la loge du capitaine ; mais il leur commanda de retourner à leurs feux respectifs. La sentinelle fut interrogée, et déclara qu'elle avait vu approcher un Indien qui rampait contre terre ; qu'elle avait tiré sur lui, puis était rentrée au camp. Le capitaine fut d'avis que l'Indien prétendu était un loup ; il réprimanda la sentinelle pour avoir quitté son poste, et l'obligea d'y retourner. Plusieurs inclinaient à croire le rapport de la sentinelle ; car les événements du jour avaient disposé les esprits à craindre des embûches, des surprises, pendant l'obscurité de la nuit. Long-temps on se tint éveillé autour des foyers, le fusil sur l'épaule, causant à voix basse, et prêtant l'oreille au moindre bruit. Cependant il n'arriva aucun autre événement ; les jaseurs s'assoupirent l'un après l'autre, et le silence régna encore dans le camp.

———

CHAPITRE XXIII.

Digue de castors. — Traces de buffles et de chevaux. — sentier des Pawnies. — Chevaux sauvages. — L'ours et le jeune chasseur.

À la revue générale, le lendemain matin 25 octobre, le vieux Ryan et ses compagnons manquaient encore ; mais le capitaine avait une si parfaite confiance dans les ressources et l'habileté du vétéran qu'il ne jugea pas nécessaire de prendre aucune mesure par rapport à lui.

Pendant cette journée, nous marchâmes à travers la même sorte de contrée, inégale et rude, parsemée de tristes forêts d'yeuses, et coupée de ravins profonds. Les feux lointains des prairies s'accroissaient évidemment. Depuis plusieurs jours le vent soufflait du nord-ouest, et l'atmosphère était devenue tellement enfumée qu'on avait peine à distinguer les objets à quelque distance.

Dans le courant de la matinée, nous passâmes un ruisseau profond, sur lequel une digue de castors bien complète, de trois pieds de haut, formait un large étang, et contenait sans doute plusieurs familles de cet industrieux animal, bien que pas un ne montrât son nez au-dessus de l'eau. Le capitaine ne voulut pas permettre que l'on troublât le repos de cette république amphibie.

Maintenant, à chaque instant, nous apercevions des traces de buffles et de chevaux sauvages. Les premières se dirigeaient constamment au sud, comme le montrait le sens dans lequel les herbes étaient foulées. Il était évident que nous étions sur le chemin des grands troupeaux émigrans, mais qu'ils avaient pour la plupart tourné vers le sud.

Beatte, qui marchait ordinairement à plusieurs toises de la ligne, afin d'être à portée de voir le gibier, et qui observait chaque trace avec les jeux exercés d'un Indien, rapporta qu'il avait vu des empreintes suspectes. C'étaient des traces d'hommes chaussés de mocassins, tels que les portent les Pawnies. Il avait senti la fumée du tabac mêlé de sumach, en usage parmi les Indiens. Il avait vu des traces de chevaux mêlées à celles d'un chien, et une marque dans la poussière qui devait être celle de la longue bride que les Indiens laissent traîner derrière eux. Il était évident que ces vestiges n'avaient pas été laissés par des chevaux sauvages.

Mon inquiétude sur le sort de notre vétéran se réveilla. J'avais pris en grande amitié ce *Bas de* Cuir *véritable ; mais à l'expression de mes craintes* à son égard on répondait toujours en disant que Ryan était en sûreté partout, et savait se tirer d'affaire.

Nous avions accompli la plus grande partie de la marche fatigante du jour, et nous traversions une clairière, quand nous aperçûmes six chevaux sauvages, parmi lesquels j'en distinguai deux superbes, un gris et un roan. Ils marchaient fièrement la tête haute, et leurs longues queues flottantes offraient un contraste parfait avec nos pauvres coursiers harassés. Après nous avoir examinés un moment, ils prirent le galop, passèrent sous un petit bois, et nous les vîmes reparaître ensuite, montant au trot une pente douce à un mille de distance.

La vue de ces chevaux fut encore une rude épreuve pour le glorieux Tony, qui avait déjà la fourche et le lariat en main, et se disposait à s'élancer à leur poursuite quand il reçut l'ordre de retourner a ses bêtes de somme.

Après une journée de quatorze milles dans la direction du sud-ouest, nous campâmes près d'un petit ruisseau limpide, entre les limites nord des bois et les confins des vastes prairies qui s'étendent jusqu'au pied des montagnes de rochers. En laissant les chevaux libres d'aller chercher pâture, on prit soin de remplir de foin leurs sonnettes, pour empêcher que leur tintement ne fût entendu de quelque horde de Pawnies errans.

Nos chasseurs sortirent en différentes directions sans beaucoup de succès ; car un seul daim fut apporté au camp. Mais un jeune chasseur avait une grande aventure à conter. En longeant le fourré d'un ravin profond, il avait blessé un daim mâle, et l'entendit tomber dans les buissons. Il s'arrêta pour raccommoder quelque chose à son fusil et le recharger ; puis il s'avançait vers le taillis pour y chercher son gibier, lorsqu'il entendit un grognement sourd. Il écarta les branches, et, se glissant tout doucement à travers le fourré, il jeta les yeux au fond du ravin, et vit un ours énorme traînant la carcasse du daim le long du lit d'un ruisseau tari, et grognant contre quatre ou cinq loups officieux qui paraissaient disposés à partager son souper.

Le chasseur tira sur l'ours, et le manqua. L'animal garda son poste et sa proie, et se montrait prêt à livrer bataille. De plus, les loups, fines bêtes à ce qu'il semblait, s'éloignèrent, mais seulement à une petite distance. La nuit approchait, et le jeune homme se sentit un peu effrayé de rester au milieu des ténèbres en ce lieu désert, surtout en si singulière compagnie. Il se retira donc à petit bruit, revint au camp les mains vides, et conta son histoire, qui lui valut maints quolibets de la part de ses camarades plus expérimentés.

Dans le cours de la soirée, le vieux Ryan et son disciple rentrèrent épuisés de fatigue, et furent, comme de coutume, cordialement accueillis au camp. Le vétéran s'était égaré la veille en chassant, et avait campé la nuit en rase campagne ; mais le matin il avait retrouvé nos traces, et les avait suivies. Il avait passé quelque temps près de la digue des castors, admirant l'adresse et l'intelligence déployées dans cette construction, « Ces castors, disait-il, sont de petites créatures bien ingénieuses ; c'est la *vermine* la plus avisée que je connaisse ; et je garantis qu'il y en avait une foule dans l'étang. — Oui, disait le capitaine, je ne doute pas que la plupart des petites rivières que nous avons passées ne fussent remplies de castor. J'aimerais à venir les *trapper* dans ces eaux pendant un hiver entier.

— Mais vous risqueriez d'être attaqué par les Indiens, dit quelqu'un de la compagnie.

— Oh, quant à cela, on serait bien tranquille ici pendant l'hiver. Pas un Indien ne s'y montre avant le printemps, et il ne me faudrait que deux compagnons. Trois personnes sont plus en sûreté qu'un plus grand nombre pour *trapper* les castors. Il faut que les *trappeurs* fassent le moins de bruit possible ; et comme un ours tué peut nourrir trois hommes pendant deux mois y en prenant soin de mettre à profit toutes ses parties, ils sont rarement obligés de tirer. »

On tint conseil sur notre direction future. Nous avions marché jusqu'alors à l'ouest, et, les forêts transversales étant passées, nous nous trouvions sur les confins de la grande prairie occidentale. Cependant nous étions encore dans une contrée aride, où les pâturages étaient rares. La saison était avancée, les herbes trop sèches pour être broutées ; les pois grimpans des fonds boisés, qui avaient servi de nourriture à nos bêtes pendant une partie du voyage, étaient maintenant fanés, et, depuis plusieurs jours, les pauvres animaux avaient tristement baisse sous le double rapport de l'embonpoint et du courage. Les feux des Indiens dans les prairies se rapprochaient au midi, au nord et à l'ouest ; ils pouvaient aussi se propager à l'est, et laisser entre nous et la frontière un désert brûlé, dans lequel nos chevaux seraient morts de faim.

Il fut donc résolu que l'on n'irait pas plus loin à l'ouest, et que l'on marcherait un peu plus à l'est afin de gagner, aussitôt que possible, la branche nord de la Canadienne, où nous espérions trouver une abondance de cannes qui, dans cette saison, fournissent la meilleure pâture pour les chevaux, et attirent en même temps une immense quantité de gibier. Ici se borna donc notre tournée à l'ouest : nous étions seulement à un ou deux jours de marche de la frontière du Texas.

———

CHAPITRE XXIV.

Disette de pain. — Rencontre avec des buffles. — Dindons sauvages. — Chute d'un taureau buffle.

Le soleil se leva brillant et pur, mais le camp n'avait plus son hilarité accoutumée ; les concerts de basse-cour avaient cessé ; pas un chant de coq, pas un aboiement de chien, n'étaient exécutés ; on n'entendait ni chansons ni éclats de rire ; chacun s'occupait de sa besogne avec gravité et silence. La nouveauté de l'expédition était usée ; quelques uns des jeunes hommes étaient presque aussi fatigués que leurs chevaux ; et la plupart, peu faits à la vie de chasseur, commençaient à en sentir vivement les peines. Ce qui les décourageait le plus était de manquer de pain, les rations de farine ayant été épuisées depuis quelques jours. Les vieux chasseurs, qui avaient éprouvé souvent cette privation, la supportaient assez facilement ; et Beatte, accoutumé à passer des mois entiers sans pain lorsqu'il vivait parmi les Indiens, considérait cet aliment comme un objet de luxe. « Le pain, disait-il d'un air dédaigneux, est la nourriture des enfans. »

Avant huit heures du matin, nous tournâmes le dos à l'ouest, et prîmes la direction du sud-ouest, le long d'une vallée formée de collines doucement inclinées. Après avoir fait quelques milles, Beatte, qui marchait en ligne parallèle avec nous sur le bord d'une éminence découverte, a droite, fit des cris, donna des signaux, comme s'il découvrait quelques objets capables d'intercepter notre marche. Plusieurs autour de moi s'écrièrent que c'était une bande de Pawnies, Une ligne de bosquets nous cachait l'approche de l'ennemi supposé. Nous entendions cependant un bruit de pas d'animaux parmi les broussailles ; mon cheval regardait de ce côté, ronflait et redressait les oreilles, quand soudain une paire de grands buffles mâles, qui avaient été alarmés par le métis, arrivèrent droit à nous en brisant les branches et les buissons sur leur passage. À la vue de notre colonne, ils firent volte-face et s'enfoncèrent dans un étroit défilé. Au même instant une vingtaine de fusils partirent, un hourra général s'éleva, la moitié de la troupe courut pêle-mêle après eux, et je me mis de la partie. Cependant la plupart des poursuivans abandonnèrent bientôt cette chasse, à travers des ronces, des broussailles et des ravins, véritables casse-cous. Un petit nombre de cavaliers persista pendant quelque temps ; mais tous rejoignirent successivement la ligne, fatigués et désappointés. L'un d'eux revint à pied : il avait été renversé en pleine course, son fusil s'était brisé en tombant ; et le cheval, participant de l'esprit du maître, avait continué de pourchasser le buffle. C'était un pitoyable accident ; il était triste de se trouver désarmé et démonté au milieu des territoires de chasse des Pawnies.

Quant à moi, j'avais eu le bonheur de me procurer dernièrement, par échange, le meilleur cheval de la troupe, un alezan de pur sang, beau, généreux et sûr. En des situations semblables, on change presque de nature en changeant de cheval. Je me sentais un être tout différent maintenant que j'avais sous moi cet animal, vif, mais doux et docile à un degré surprenant, et rapide, aisé, élastique dans tous ses mouvemens. En peu de jours il devint attaché à moi comme un chien ; il me suivait quand je marchais ; il venait contre moi le matin pour être caressé, et mettait son museau entre moi et mon livre, lorsque je lisais au pied d'un arbre. Le sentiment que j'éprouvais pour le compagnon muet de mes courses dans les Prairies me donna une légère idée de l'attachement des Arabes pour le coursier qui les a long-temps portés dans les déserts.

À quelques milles plus loin, nous trouvâmes un pré encore frais, arrosé par un large et clair ruisseau dont les bords offraient d'excellens pâturages. Là nous fîmes halte sous un bosquet d'ormes, où nous vîmes les vestiges d'un ancien campement d'Osages. À peine avions-nous eu le temps de mettre pied à terre que l'on fit une décharge générale sur un troupeau de dindons épars dans le bosquet, qui, probablement, servait de perchoir à ces oiseaux peu rusés. Ils volèrent en effet sur les arbres, allongeant leur grand cou, et regardant avec un étonnement stupide, jusqu'à ce que dix-huit d'entre eux eussent été abattus.

Au milieu du carnage, on apprit que quatre buffles paissaient dans une prairie voisine ; alors on abandonna les dindons pour un plus noble gibier ; on remonta sur les chevaux fatigués, et la « chasse commença. En peu d'instans nous nous trouvâmes en vue des buffles, qui ressemblaient à des monticules bruns parmi les hautes herbes. Beatte tâcha de les dépasser et de les pousser vers nous y afin de donner a nos chasseurs inexpérimentés quelques chances favorables ; cependant les buffles tournèrent une colline de rochers qui les déroba à nos yeux. Quelques uns de nous tentèrent de franchir la colline ; mais ils s'embarrassèrent dans les broussailles et le bois taillis entrelacé dé vignes : mon cheval, qui avait chassé au buffle avec son ancien maitre, semblait aussi animé que moi y et faisait tous ses efforts pour forcer le passage à travers les buissons. Enfin nous parvînmes à nous dégager, et, descendant au galop la montagne, je trouvai notre petit Tony caracolant autour d'un grand buffle qu'il avait blessé trop grièvement pour qu'il pût s'enfuir, et qu'il amusait jusqu'à, notre arrivée. Il y avait un mélange de grandeur et de comique dans le combat de ce terrible animal et de son fantastique assaillant. Le buffle présentait toujours à l'ennemi son large front hérissé ; sa gueule était béante, sa langue desséchée, ses yeux étincelaient comme des charbons enflammés, sa queue était redressée ; de temps en temps il se lançait avec fureur sur son adversaire, qui esquivait son attaque en faisant des courbettes, en prenant toutes sortes de postures grotesques devant lui. Alors nous tirâmes plusieurs coups sur le buffle ; mais les balles se perdaient dans cette montagne de chair sans y produire un effet mortel. Il fit une lente et majestueuse retraite dans la rivière, peu profonde, en se retournant contre les poursuivans toutes les fois qu'ils le pressaient trop vivement ; et lorsqu'il fut dans l'eau, il s'y posa comme pour soutenir un siège. Cependant une balle, logée dans une partie plus vitale de son corps, lui causa un frémissement universel. Il se retourna, et tenta de passer sur l'autre rive ; mais, après avoir fait quelques pas en chancelant, il tomba doucement sur le côté, et il expira. C'était la chute d'un héros, et nous sentîmes une sorte de honte de cette boucherie ; mais une ou deux minutes nous réconcilièrent avec nous-mêmes : nous nous répétâmes cette vieille et banale justification : *Nous avons délivré le pauvre animal de toutes ses misères.*

On tua deux autres buffles pendant la soirée ; mais il se trouva que c'étaient des taureaux dont la chair est dure et maigre à cette époque de l'année. Un jeune daim mâle nous fournit un mets plus savoureux à notre repas du soir.

CHAPITRE XXV

Grande chasse au cheval sauvage.

Nous quittâmes le camp des Buffles à [mit heures du matin, et nous eûmes deux heures de marche extrêmement fatigante, sur des chaînes de collines couvertes de maigres forêts de chênes nains, coupées par de profonds précipices. Parmi ces chênes, j'en remarquai de la plus petite dimension possible ; quelques uns n'avaient pas plus d'un pied de haut, et portaient une quantité prodigieuse de petits glands. Tous les bois de la traverse abondent en effet en glandée, et un chêne-pin produit une sorte de gland agréable au goût, et qui mûrit de très bonne heure.

Vers dix heures, nous arrivâmes à la place où cette chaîne de collines, abruptes et arides, s'abaisse pour former une vallée à travers laquelle coule la fourche nord de la Rivière Rouge. Une belle prairie, d'environ un demi-mille de largeur, émaillée de fleurs d'automne, s'étendait à une longueur de trois milles au pied des collines, bornée de l'autre côté par la rivière, dont les bords étaient marqués par des cotonniers, arbres au feuillage frais et brillant, sur lequel les yeux se reposaient avec délice après avoir si longtemps contemplé les vastes et monotones solitudes des brunes forêts.

La prairie était agréablement variée par des bouquets d'arbres ou des bosquets si heureusement placés, que la main de l'art n'aurait pu produire un effet plus gracieux. En jetant les yeux sur cette fraîche et délicieuse vallée, nous aperçûmes une troupe de chevaux sauvages paissant tranquillement sur une pelouse, à un mille de nous, sur notre droite ; et sur la gauche, à peu près a la même distance, plusieurs buffles, les uns broutant, les autres se reposant et ruminant parmi les riches pâturages, à l'ombre d'un massif de cotonniers. On croyait voir une belle scène pastorale dans les terres ornées d'un gentilhomme cultivateur, et des troupeaux choisis complétant l'effet pittoresque.

On tint conseil, et l'on se détermina à profiter de l'occasion qui se présentait d'exécuter une grande manœuvre de chasse, qu'on appelle *le* cercle des chevaux sauvages. *Cette chasse exige un grand nombre d'hommes bien montés. Ils se* distribuent dans toutes les directions, à une certaine distance l'un de l'autre, et forment ainsi un cercle de deux ou trois milles de circonférence. On doit exécuter cette première disposition avec beaucoup de silence et de précautions ; car les chevaux sont, de tous les habitans des Prairies, les plus faciles à effaroucher, et ils sentent de très loin un chasseur sous le vent.

Le cercle formé, deux ou trois chasseurs courent sur les chevaux, qui se sauvent dans la direction opposée. Toutes les fois qu'ils approchent des limites du cercle, un chasseur se présente devant eux et les oblige à retourner sur leurs pas. De cette manière ils sont repoussés et chassés sur tous les points, et galopent en rond dans ce cercle magique jusqu'à ce qu'ils soient harassés, et alors il est facile de les aborder et de leur jeter le lariat. Cependant les meilleurs chevaux, les plus vites, les plus forts, les plus courageux, parviennent souvent a s'échapper ; en sorte qu'on ne prend en général que des chevaux de seconde classe.

On prépara donc une chasse de ce genre. Les chevaux de bât furent d'abord attachés solidement aux arbres dans l'intérieur du bois ; car ils auraient pu, dans une incursion des chevaux sauvages, être tentés de s'enfuir avec eux. Vingt-cinq hommes, sous le commandement d'un lieutenant, reçurent l'ordre de se glisser le long des bords de la vallée dans les bois qui couronnent les collines. Ils devaient stationner à cinquante toises de distance l'un de l'autre, cachés sous les arbres, et ne se montrer qu'au moment où les chevaux seraient poussés dans leur direction. Un même nombre d'hommes se posta de même le long du rivage qui bornait l'autre côté, et une troisième troupe, égale en force, devait former une ligne à travers la partie inférieure de la vallée, et joindre ensemble les deux ailes. Beatte, le métis Antoine et l'officieux Tony, étaient chargés de faire une battue dans les bois de la partie supérieure de la vallée, afin de pousser les chevaux dans l'espèce de sac qu'on avait formé, et les deux ailes se seraient alors resserrées derrière eux et auraient formé le cercle complet.

Les deux lignes latérales s'étendaient sans bruit et hors de la vue de chaque côté de la vallée, et la troisième allait bientôt fermer l'anneau qui devait lier ensemble les premières, quand les chevaux sauvages donnèrent des symptômes d'alarme, en aspirant l'air, en regardant autour d'eux avec inquiétude ; enfin ils s'avancèrent lentement du côté de la rivière, et disparurent derrière un banc de verdure.

Ici l'on aurait dû, si l'on avait suivi les règles de la chasse, les arrêter sans bruit, en faisant simplement avancer un chasseur. Malheureusement, notre petit feu-follet de Français était là. Au lieu de rester paisible sur le flanc droit de la vallée, pour recevoir les chevaux lorsqu'ils seraient repoussés de ce côté, dès qu'il les vit se diriger vers la rivière, il sortit du couvert, et s'élança comme un fou à travers la plaine, monté sur un des chevaux de relai du comte. Ceci dérangea tous les plans. Les métis et une vingtaine des plus jeunes cavaliers se joignirent à la chasse. Ils coururent à bride abattue vers le banc. En un moment, les chevaux sauvages reparurent, et descendirent la vallée avec un bruit de tonnerre, le Français, les métis, les rôdeurs, galopant après eux, en hurlant comme des démons. En vain ceux de la ligne transversale essayèrent d'arrêter les fugitifs et de leur faire rebrousser chemin, ils étaient trop chaudement poursuivis. Dans leur terreur, ils se jetèrent en désespérés au travers de la ligne, et filèrent le long de la plaine. La troupe entière vola sur leurs traces ; plusieurs, sans bonnets ni chapeaux, leurs cheveux tombant sur leurs jeux ; d'autres, avec des mouchoirs noués autour de la tête. Les buffles, qui étaient restés jusqu'alors ruminant paisiblement au milieu des herbes, soulevèrent leurs énormes masses de chair, regardèrent un instant avec surprise la tempête qui parcourait la prairie, puis, se mirent eux-mêmes à fuir d'un pas lourd, mais pressé, bientôt ils furent atteints, et serrés entre les deux côtés de la vallée qui se rapprochaient ; ils se trouvèrent au milieu de la foule. Alors, buffles sauvages, chevaux sauvages, chasseurs sauvages, tout disparut pêle-mêle avec des cris, des hourras, un bruit de pas précipités, qui retentissait dans les forêts les plus éloignées.

Enfin les buffles tournèrent vers un marécage aux bords de la rivière, et les chevaux prirent un étroit défilé des collines, avec leurs poursuivans sur leurs talons. Beatte en laissa passer plusieurs, parce qu'il avait jeté les yeux sur un beau cheval de Pawnies, qui avait les oreilles fendues et les marques de la selle sur le dos. Il le serra de près, mais il le perdit dans les bois.

Parmi ces chevaux était une belle jument noire pleine, à ce qu'il semblait, mais depuis peu. En gravissant le défilé, elle glissa et tomba. Un jeune chasseur, sautant à bas de son cheval, la saisit par la crinière et les naseaux. Un de ses compagnons vint à son aide. La jument lutta bravement contre eux ; elle mordait, lançait des ruades, frappait des pieds de devant ; mais un nœud fut passé sur sa tête, et tous ses efforts devinrent inutiles. Cependant elle continua longtemps à se redresser, à se cabrer, à donner des coups de pied à droite et à gauche. Les deux cavaliers la conduisirent le long de la vallée par deux lariats très longs qui leur permettaient de la tenir à une distance assez grande pour être hors de la portée de ses pieds. Sitôt qu'elle avançait d'un côté, on la tirait de l'autre ; et de cette manière, elle fut graduellement subjuguée.

Tony, qui avait gâté toute l'affaire par sa précipitation, fut plus heureux qu'il ne le méritait dans cette petite escarmouche. Il avait pris un beau poulain café-au-lait, d'environ sept mois, qui n'avait pas eu la force de suivre les autres. Le petit Français ne se sentait pas de joie. Il était curieux à voir avec sa prise. Le poulain ruait et se cabrait ; Tony le saisissait par le cou et luttait avec lui, sautait sur son dos, prenait autant de grotesques attitudes qu'un singe avec un chevreau. Mais, ce qui me surprenait le plus, c'était la promptitude avec laquelle ces pauvres animaux, arrachés à la liberté illimitée des prairies, se soumettent à la domination de l'homme. Au bout de deux ou trois jours, la jument et les deux poulains allaient avec les chevaux menés en lesse, et les premiers étaient devenus aussi parfaitement dociles que leurs compagnons.

CHAPITRE XXVI.

Le gué de la Fourche du Nord. — Aspect mélancolique des forêts transversales. — Fuite de chevaux pendant la nuit. — Un parti d'Osages guerriers, — Effets d'une harangue pacifique. — Buffle. — Cheval sauvage.

En reprenant notre marche, nous eûmes à passer à gué la Fourche du Nord, rapide courant d'une pureté extrêmement rare dans les Prairies. Il est évident que cette rivière tire sa source des hautes terres, et qu'elle est amplement alimentée par des fontaines. Après le passage du gué, nous recommençâmes à monter parmi des collines, et nous eûmes, du sommet de l'une d'elles, une vue très étendue sûr la ceinture des forêts transversales. C'était un aspect mélancolique. Les collines, les forêts se succédaient, toutes présentant la même teinte rousse et triste, hors en quelques places, où des bandes étroites de cotonniers, de sycomores et de saules, marquaient le cours d'un ruisseau au sein d'une vallée. Une procession de buffles, se mouvant avec lenteur sur le profil d'une de ces éminences éloignées, était un objet pittoresque parfaitement assorti au caractère du paysage. Sur la gauche, l'œil se portait, au-delà du désert de ravins, de collines et de forêts, sur une prairie éloignée d'environ dix railles, qui formait sur l'horizon une ligne droite d'un bleu clair. L'effet ressemblait à celui d'un espace de mer en repos aperçu au loin à travers des rochers et des brisans. Malheureusement, notre chemin n'était pas dans cette direction, et nous étions obligés de faire encore plusieurs milles dans les bois.

Vers le soir, nous campâmes dans une vallée, à côté d'un petit étang, sous un bosquet d'ormes clair-semés, dont les plus hautes branches étaient bordées de touffes du gui mystérieux. Pendant la nuit, le poulain sauvage grogna plusieurs fois ; et deux heures avant le jour, il y eut un *stampedo*, ou soudaine course de chevaux, le long des limites du camp, avec des hennissemens, des ronflemens, un bruit de pieds, qui réveillèrent la plupart de nos gens. Ils écoutèrent jusqu'à ce que le bruit se perdît, comme celui d'une bouffée de vent, et il fut attribué à quelque parti de maraudeurs indiens. Cependant, au point du jour, deux chevaux sauvages furent aperçus dans une prairie voisine, et se sauvèrent quand on·approcha d'eux. On supposa, d'après cela, qu'une troupe de ces animaux avait passé la nuit près du camp. On fit une revue générale des chevaux. Plusieurs étaient dispersés à de très grandes distances, et d'autres ne furent point retrouvés. Toutefois, les empreintes de leurs pieds, profondément enfoncées dans le sol, montrèrent qu'ils avaient couru au grand galop du côté des plaines, et leurs maîtres suivirent leurs traces. L'aurore parut vermeille et brillante ; mais bientôt les nuages se rassemblèrent, le ciel s'obscurcit, et tout annonça un orage d'automne. Nous reprîmes notre marche, dans un silence morne, à travers un pays rude et triste, découvrant, des points les plus élevés, les immenses prairies qui s'étendaient à perte de vue du côté de l'ouest. Après deux ou trois heures de marche, comme nous traversions une prairie desséchée qui ressemblait à une bruyère brune, nous vîmes sept guerriers osages qui venaient à nous. La vue d'une créature humaine quelconque au milieu d'un désert est aussi intéressante que celle d'un vaisseau en pleine mer. Un de ces Indiens se détacha du groupe, et s'avança vers nous, la tête haute, la poitrine saillante, d'un air parfaitement aisé et noble. C'était un bel homme, vêtu d'une casaque écarlate et de guêtres en peau de daim, bordées de franges. Sa tête était ornée d'un panache blanc, et les flèches et l'arc qu'il tenait dans une de ses mains contribuaient, avec sa démarche fière et ferme, à lui donner un aspect tout-à-fait martial.

Nous entrâmes en conversation avec lui par le moyen de notre interprète Beatte, et nous sûmes que cet Osage et ses compagnons avaient fait partie de la grande expédition de chasse aux buffles de leur tribu, et qu'elle avait eu un grand succès. Il nous dit que nous arriverions, au bout d'une autre journée de marche, aux prairies voisines de la grande Canadienne, où nous trouverions une quantité considérable de gibier. Il ajouta que leur chasse étant finie, et les chasseurs en chemin pour retourner chez eux, il avait formé avec ses camarades un parti pour aller surprendre quelque campement de Pawnies dans l'espoir de rapporter des scalps ou des chevaux.

En ce moment, ses compagnons, qui s'étaient d'abord tenus à l'écart, le rejoignirent. Trois d'entre eux avaient d'assez mauvais fusils de chasse, le reste était armé de flèches. J'admirais les belles têtes, les beaux bustes de ces sauvages, leurs attitudes gracieuses, leurs gestes expressif, tandis qu'ils parlaient avec l'interprète entourés d'une foule de nos cavaliers. Nous tâchâmes d'engager l'un d'eux à nous suivre ; nous étions curieux de voir comment ils chassent les buffles avec l'arc et les flèches.

Il parut d'abord incliner à faire ce que nous lui demandions, mais ses compagnons le dissuadèrent. Le digne commissaire, se ressouvenant de sa mission de pacificateur, fit un discours pour les exhorter à s'abstenir de tout acte d'hostilité contre les Pawnies, et leur dit que leur père de Washington avait l'intention de mettre fin à la guerre parmi ses enfans rouges. Il les assura qu'il était venu de la frontière tout exprès pour établir une paix universelle. Il les engageait donc à retourner tranquillement chez eux avec la certitude que les Pawnies ne les molesteraient plus et les regarderaient bientôt comme des frères.

Les Indiens écoutèrent ce discours avec leur silence et leur décorum ordinaires ; après quoi ils échangèrent quelques mots entre eux, nous firent leurs adieux, et poursuivirent leur route à travers la prairie.

Comme j'avais cru voir mi demi-sourire sur le visage de Beatte, je lui demandai, à part, ce que les Indiens s'étaient dit après avoir entendu le discours. « Le chef, répondit le métis, disait à ses compagnons que leur grand-père de Washington ayant l'intention de mettre fin à toutes les guerres, il fallait profiter bien vite du peu de temps qui leur restait. » Ils étaient donc partis avec un redoublement de zèle pour accomplir leur projet de déprédation.

Nous avions à peine perdu de vue les Indiens, lorsque nous découvrîmes trois buffles parmi le fourré d'une vallée marécageuse à notre gauche. Je me mis à leur poursuite avec le capitaine et plusieurs de ses cavaliers. Le capitaine, qui allait en avant, se glissa dans le taillis, se trouva bientôt à portée de tirer, et blessa un des buffles dans le flanc : alors, saisis de terreur, ils prirent la fuite tous les trois à travers les buissons, les ronces, les plantes marécageuses, entraînant par leur poids énorme tout ce qui se trouvait sur leur passage. Le capitaine et ses hommes leur donnaient une chasse qui menaçait d'abîmer les chevaux. Cependant j'avais vu les traces du taureau blessé, et j'espérais pouvoir arriver assez près de lui pour faire usage de mes pistolets, seules armes dont je me fusse pourvu ; mais avant que je me trouvasse en position d'effectuer mon dessein, l'animal gagna le pied d'une colline rocailleuse couverte de chênes noirs et d'épines, et s'enfonça, en brisant tous les obstacles, dans un taillis si épais et sur un terrain si dangereux qu'il y aurait eu de la folie à le suivre.

La chasse m'avait séparé de mes compagnons, et il me fallut un peu de temps pour retrouver leurs traces. Tandis que je montais lentement une colline, une belle jument noire vint folâtrer autour du sommet, et se trouva tout près de moi avant de m'avoir aperçu. En me voyant, elle recula, et se retournant à l'instant, descendit rapidement dans la vallée, et monta la colline opposée avec la crinière et la queue flottantes, et des mouvemens aussi libres que l'air. Je la regardai tant qu'elle fut à la portée de ma vue, souhaitant du fond de mon cœur que ce noble animal ne tombât jamais sous le joug dégradant du fouet et du mors, et continuât d'errer sans entraves parmi les Prairies.

CHAPITRE XXVII.

Campement de pluie. — Histoires d'ours. — Notions des Indiens sur les présages. — Scrupules concernant les morts.

Lorsque je rejoignis la troupe, je la trouvai établissant le camp dans un riche fond boisé, traversé par un petit ruisseau qui coulait entre des rives profondes et croulantes. La détonation des armes à feu dura quelque temps de différens côtés, sur un troupeau nombreux de dindons éparpillés dans le taillis. Nous étions depuis peu de temps à cette halte, quand une pluie abondante nous annonça l'orage d'automne qui se préparait depuis le matin. On fit à l'instant les préparatifs nécessaires pour le recevoir. Notre tente fut plantée, et nos provisions et nos bagages mis en sûreté sous cet abri. Nos hommes, Beatte, Tony et Antoine, enfoncèrent dans le sol des piquets dont les extrémités étaient fourchues, placèrent des bâtons au travers en manière de solives, et formèrent ainsi une sorte de hangar couvert d'écorces et de peaux, fermé du côté opposé au vent, et ouvert en face du feu. Les cavaliers construisirent de semblables logettes, et allumèrent de grands feux devant leur ouverture.

Il était temps de prendre ces précautions : la pluie augmenta et continua pendant deux jours avec de très courts intervalles. Le ruisseau qui coulait paisiblement à notre arrivée, devint un torrent bourbeux et bouillonnant, et la forêt se transforma en marécage. Les hommes se réfugiaient sous leurs hangars de peaux et de blankets, ou bien ils se tenaient en cercles pressés autour des feux. Des colonnes de fumée déroulaient leurs anneaux vaporeux à travers les branches, et, se perdant ensuite dans les airs, étendaient une sorte de voile bleuâtre sur les bois environnans. Nos pauvres chevaux, harassés, réduits à une maigreur, à une faiblesse pitoyables, par la longueur du voyage et la mauvaise nourriture, perdirent tout ce qui leur restait de courage. Ils restaient immobiles, la tête basse, les yeux à demi fermés, secouant les oreilles et fumant à la pluie ; tandis que les feuilles jaunes de l'automne formaient, » à chaque bouffée de vent, des vagues légères autour d'eux.

Cependant, nonobstant le mauvais temps, nos chasseurs ne restèrent pas oisifs ; mais dans les intervalles où la pluie cessait, ils sortirent à cheval pour se mettre à l'affût dans les bois. De temps en temps le bruit éloigne d'un fusil nous annonçait la mort d'un daim.

On apporta de la venaison en abondance ; quelques uns des cavaliers s'occupèrent, sous les abris, à écorcher et à dépecer les pièces ; d'autres étaient employés, autour des foyers, à faire usage des broches et des chaudrons ; et bientôt une sorte de bombance régna dans le camp. La hache ne se reposait pas un instant, et fatiguait les échos de la forêt. Crac ! un arbre gigantesque tombait, et en peu de minutes ses branches flambaient, pétillaient dans les énormes feux de camp ; et quelque malheureux daim, qui se jouait naguère sous leur ombre, rôtissait alors devant elles.

Le changement de temps avait singulièrement affecté notre petit Tony. Sa maigre structure, composée d'os et de nerfs, était rongée de rhumatismes ; il avait mal aux dents, mal à la tête, le visage tiré, des douleurs dans chaque membre ; et tout cela semblait accroître son activité : il se démenait autour du feu, rôtissait, fricassait, grognait, grondait et jurait comme un vrai démoniaque.

Beatte revint de la chasse triste et mortifié : il avait trouvé un ours d'une dimension formidable, et l'avait blessé ; mais il était entré dans le ruisseau qui maintenant coulait rapidement et à plein bord, et Beatte, s'y lançant après lui, l'attaqua par derrière avec son couteau de chasse : à chaque coup, la bête, furieuse, se retournait en montrant des dents blanches et terribles. Beatte avait pied dans le courant, et trouva moyen de pousser l'animal hors de l'eau avec son fusil ; et lorsqu'il se serait retourné pour se mettre à la nage, il voulait essayer de lui couper les jarrets ; mais l'ours parvint à s'échapper parmi les broussailles, et notre métis fut obligé d'abandonner sa poursuite.

Son aventure, si elle ne produisit point de gibier, rappela du moins différentes anecdotes qui furent contées le soir autour du feu, et dans lesquelles l'ours terrible figurait toujours en première ligne. Ce puissant et féroce animal est un thème favori d'histoires de chasse parmi les hommes rouges et blancs de ces contrées. Un brave Indien porte à son cou les énormes griffes de ce redoutable ennemi comme un trophée plus honorable qu'un scalp humain. On voit rarement cet ours au-dessous des hautes prairies et des premières chaînes des montagnes de rochers. Les autres espèces d'ours sont dangereuses quand elles sont blessées, mais cherchent rarement à combattre si on leur permet de fuir. L'ours terrible est le seul, parmi les animaux de nos déserts occidentaux, qui soit enclin à des hostilités non provoquées. Sa grandeur et sa force prodigieuses en font un adversaire redoutable, et sa vie est tellement dure qu'il brave souvent l'adresse des chasseurs en échappant aux coups de feu et aux blessures du couteau de chasse.

Une des anecdotes contées en cette occasion offrait une vive peinture des accidens et des vicissitudes auxquels sont exposés les rôdeurs de notre frontière. Un chasseur, en poursuivant un daim, tomba dans un de ces puits profonds qui restent dans les Prairies après les grandes pluies, et sont connus sous le nom d'*égouts*. À son inexprimable horreur il se trouva en contact, au fond de ce trou, avec un ours terrible d'une grandeur énorme. Le monstre le saisit, une lutte mortelle s'ensuivit ; et le malheureux chasseur, grièvement déchiré et mordu, ayant eu un bras et une jambe fracassés, réussit néanmoins à tuer son formidable ennemi. Pendant plusieurs jours il resta au fond du puits, trop brise pour se mouvoir, se nourrissant de la chair crue de l'ours, et prenant soin de tenir ses blessures ouvertes, afin qu'elles pussent se guérir par degré et radicalement. Enfin il reprit assez de force pour grimper au sommet du puits et sortir sur la prairie : il gagna, en rampant et avec beaucoup de peine, un ravin formé par un ruisseau presque sec ; là il but avec délice de l'eau fraîche qui le ranima un peu, et, en se traînant d'une flaque d'eau à une autre, il se soutint avec de petits poissons et des grenouilles.

Un jour il vit un loup chasser et tuer un daim sur la prairie voisine. À l'instant il rampa hors du ravin, effaroucha le loup, et se couchant à côté de sa proie, il y resta assez de temps pour faire plusieurs repas succulens qui lui rendirent une grande partie de ses forces.

En retournant au ravin, il suivit le cours du ruisseau jusqu'à ce qu'il devînt une rivière assez forte. Il la descendit en se laissant aller au courant, et juste, à son embouchure dans le Mississipi, il trouva un arbre tombé qu'il lança avec quelque difficulté, et, se mettant dessus à califourchon, il flotta jusqu'en face du fort à Council-Bluffs. Heureusement il arriva de jour, autrement il aurait pu passer sans être aperçu devant ce poste solitaire, et aurait péri au milieu de ces vastes eaux. Ayant été signalé du fort, on envoya un canot à son secours ; il fut débarqué plus mort que vif : on le guérit de ses blessures ; mais il resta mutilé.

Notre chasseur Beattle était revenu de son combat avec l'ours, exténué et découragé. Le changement de temps et l'humidité qu'il avait conservée sur son corps après avoir plongé à demi dans le ruisseau, avaient réveillé des douleurs rhumatismales auxquelles il était sujet ; bien qu'il fut ordinairement énergique et endurci il toutes les fatigues et à tous les travaux, on le voyait maintenant triste et dolent auprès du foyer, et se plaignant, peut-être pour la première fois de sa vie. En dépit de sa constitution de fer, et quoiqu'il n'eût pas encore atteint le midi de la vie, il n'était plus, suivant lui, qu'une misérable ruine. C'était, en effet, un exemple vivant des maux de la vie sauvage des frontières. En découvrant son bras gauche, il nous montra les contractions produites sur ce membre par une précédente attaque de rhumatisme, maladie qui afflige souvent les Indiens ; car en s'exposant constamment aux vicissitudes des saisons, ils n'acquièrent pas une insensibilité aux changemens de l'atmosphère aussi complète que beaucoup de gens se l'imaginent. Il portait les marques de différentes blessures reçues à la chasse ou dans les guerres des sauvages ; son bras droit avait été cassé en tombant de son cheval ; une autre fois, son coursier s'étant abattu sous lui y avait brisé sa jambe gauche.

« Je suis tout en pièces, et *plus bon à rien,* disait-il ; maintenant je ne me soucie guère de ce qui pourra m'arriver. Cependant, ajoutait-il après une pause, il faudrait encore un homme d'une certaine force pour m'abattre. »

Je tirai de lui diverses particularités de sa vie qui relevèrent dans mon esprit. Sa résidence était sur le Neosho, dans un hameau d'Osages placé sous la surintendance d'un digne missionnaire des bords dé l'Hudson, nommé Requa. Il tâchait d'enseigner aux sauvages l'agriculture, et d'en faire des laboureurs et des pasteurs. J'avais visité cette mission agricole dans ma dernière tournée de la frontière, et je l'avais considérée comme devant être un jour plus profitable aux pauvres Indiens que les autres missions, purement préchantes et priantes, de ces confins.

Dans ce voisinage, Pierre Beatte avait sa petite ferme, sa femme indienne, et ses enfans, aux trois quarts indiens. Il aidait M. Requa dans ses efforts pour civiliser les Osages et améliorer leur condition. Beatte avait été élevé dans la religion catholique, et restait inébranlable dans sa foi. Il ne pouvait pas prier avec M. Requa, disait-il ; mais il pouvait travailler avec lui, et il montrait beaucoup de zèle pour ce qui devait tourner à l'avantage de ses parens et de ses voisins sauvages. En effet, bien que fils d'un Français et élevé parmi les blancs, il tenait beaucoup plus de l'Indien que de la race d'Europe, et ses affections penchaient vers la nation de sa mère. Quand il me parlait des insultes, des injustices souffertes par les malheureux Indiens dans leur commerce avec les grossiers planteurs de la frontière ; quand il me décrivait l'état précaire, dégradé de la tribu des Osages, diminuée de nombre, abattue d'esprit, vivant presque par grâce sur la terre où jadis elle jouait un rôle héroïque, je voyais ses veines se gonfler et ses narines se dilater d'indignation. Mais il réprimait ce sentiment avec cet empire sur soi-même commun aux Indiens, et le refoulait pour ainsi dire au fond de son cœur.

Il n'hésita pas à me conter un exemple dans lequel il s'était joint à sa parenté osage pour tirer vengeance d'un parti de blancs qui avait commis contre les premiers un outrage flagrant. Je trouvai que, dans la rencontre qui eut lieu, Beatte s'était montré tout-à-fait Indien. Plus d'une fois il avait accompagné les Osages de sa famille dans leurs guerres contre les Pawnies, et il raconta une escarmouche qui eut lieu vers les confins des territoires de chasse sur lesquels nous étions alors, et dans laquelle un certain nombre de Pawnies furent tués, « Nous passerons peut-être près de cette place, dit-il, dans le cours de notre tournée, et nous pourrons, voir encore les os et les crânes de ces morts. » À ces mots, le chirurgien de la troupe, qui se trouvait présent, dressa les oreilles. Il donnait un peu dans la phrénologie, et il offrit à Beatte une honnête récompense s'il pouvait lui procurer un de ces crânes.

Beatte le regarda pendant un moment avec un air de grave surprise : « Non ! dit-il enfin ; ça être mal. J'ai le cœur assez ferme ; tuer n'est rien pour moi ; *mais laissons les morts en paix !* » Il ajouta qu'une fois, en voyageant avec des blancs, il avait couché sous la même tente avec mi docteur, et s'était aperçu que ce docteur avait dans son bagage un crâne de Pawnie. Il abandonna sur-le-champ le docteur, la tente et toute la compagnie. « Il tâcha de me flagorner, de me séduire, disait Beatte ; mais je dis : Non ! il faut nous séparer ; je ne reste pas en pareille société. «

Dans son abattement momentané, Beatte se livrait aux idées superstitieuses de présages, si communes parmi les Indiens. Il était resté quelque temps assis, la joue appuyée sur sa main, regardant le feu. Je l'interrogeai, et je trouvai que ses pensées se reportaient à son humble demeure, sur les rives du Neosho. Il était sûr, disait-il, qu'il trouverait quelqu'un de sa famille malade ou mort à son retour ;

depuis deux jours son œil gauche éprouvait un picotement, et c'était le signe de quelque malheur de ce genre. Telles sont les circonstances triviales qui, décorées de la dignité de présages, ébranlent les âmes de ces hommes de fer. Le moindre de ces signes d'augure sinistre suffit pour détourner un chasseur ou un guerrier de son chemin, et remplit son esprit d'appréhensions. C'est ce penchant à la superstition, commun à tous les sauvages et solitaires habitans des déserts, qui donne une si puissante influence à leurs prophètes et à Jours rêveurs.

Les Osages, avec lesquels Beatte avait passé une grande partie de sa vie, conservent dans toute leur intégrité primitive la plupart de leurs idées et de leurs rites superstitieux ; ils croient tous à l'existence de l'âme après sa séparation du corps, et supposent qu'elle emporte les goûts et les habitudes de sa vie mortelle. Dans un village osage voisin de celui de Beatte, l'un des chefs perdit une enfant unique, belle petite fille d'un âge encore très tendre. On enterra tous ses jouets avec elle, et son petit cheval favori fut tué, et mis également dans la fosse, afin qu'elle pût le monter quand elle serait dans la terre des esprits.

J'ajouterai ici une petite histoire qui me fut contée pendant ma tournée dans le pays de Beatte, et qui montre les superstitions de sa tribu. Un parti d'Osages assez nombreux était campé depuis quelque temps sur les bords d'un beau ruisseau, nommé le Nick-a-Nanse. Parmi ces sauvages se trouvait un jeune chasseur, le plus vaillant, le plus gracieux de la tribu. Il était fiancé à une fille surnommée, à cause de sa beauté, la fleur des Prairies. Le jeune chasseur la laissa avec ses pareils au campement, tandis qu'il allait à Saint-Louis, disposer des produits de sa chasse et acheter des ornemens pour sa jeune épouse. Après une absence de quelques semaines, il revint sur les bords du Nick-a-Nanse ; mais le camp était levé. Les cadres des loges et les tisons des feux éteints marquaient seuls la place où il avait existé. À quelque distance, il vit une femme qui semblait pleurer, assise près du ruisseau. C'était sa fiancée. Il courut l'embrasser ; mais elle détourna la tête tristement. Il craignit alors que quelque malheur fie fût arrivé au camp. « Où est notre peuple ? s'écria-t-il.

— Ils sont allés sur les bords de la Wagrushka.

— Et que faisais-tu la, toute seule ?

— Je t'attendais.

— Alors hâtons-nous de rejoindre notre peuple sur les bords de la Wagrushka. »

Il lui donna son paquet à porter, et marcha en avant, suivant la coutume indienne.

Ils arrivèrent à une place d'où l'on voyait la fumée du camp s'élever, dans le lointain, des bords couverts de bois d'un ruisseau.

La jeune fille s'assit au pied d'un arbre. « Il n'est pas convenable que nous retournions ensemble, dit-elle ; j'attendrai ici. » Le jeune chasseur poursuivit seul sa route vers le camp, et fut reçu par ses parens avec des visages sombres.

« Qu'est-il donc arrivé ? dit-il ; pourquoi êtes-vous si tristes ? »

Personne ne répliqua.

Il se tourna vers sa sœur bien aimée, et la pria d'aller chercher sa fiancée, et de la ramener au camp. « Hélas ! s'écria la jeune fille, comment pourrais-je la ramener ? Elle est morte, il y a déjà plusieurs jours. »

Alors les parens de la défunte l'entourèrent en pleurant et en gémissant ; mais il ne voulait pas croire à ces nouvelles funestes. « Tout à l'heure encore, disait-il, je l'ai laissée vivante et en santé. Venez avec moi ; je vous conduirai près d'elle. » Il les conduisit à l'arbre sous lequel elle s'était assise ; mais elle n'y était plus, et son paquet gisait a terre. La fatale vérité le frappa au cœur ; il tomba mort sur la place. Je donne cette simple histoire presque dans les mêmes termes avec lesquels on me l'a racontée, auprès d'un feu, dans un campement du soir, sur les bords du même ruisseau mystique où l'on dit qu'elle s'est passée.

CHAPITRE XXVIII.

Expédition secrète — Stratagème pour prendre les daims. — Balles enchantées.

Le lendemain matin les cavaliers qui étaient restés en arrière pour chercher leurs chevaux égarés, nous rejoignirent. Ils avaient suivi leurs traces à une très grande distance parmi des broussailles et des roseaux et en traversant plusieurs ruisseaux, et les avaient enfin retrouvés paissant sur les bords d'une prairie : leurs têtes étaient tournées dans la direction du fort, et ils avaient évidemment le projet de regagner le logis tout en broutant ce qui se trouvait sur leur passage, sans être tentés par la liberté illimitée des prairies que le hasard leur présentait.

Vers midi, le temps s'éclaircit, et je remarquai un mystérieux conciliabule entre nos métis et Tony. Il aboutit à la requête de dispenser le dernier de son service pendant quelques heures, et de lui permettre de se joindre à ses camarades pour une grande expédition. Nous objectâmes que Tony était trop incommodé de ses douleurs pour se mêler à une pareille entreprise ; mais il en raffolait ; et quand la permission demandée fut accordée, il oublia tous ses maux en un instant.

Bientôt le trio fut équipé et à cheval, tous le fusil sur l'épaule, la tête couverte de mouchoirs, évidemment préparés à une affaire d'importance. En passant devant les différentes loges du camp, le petit Français vaniteux ne pouvait s'empêcher de proclamer à droite et à gauche les grandes choses qu'il allait effectuer. Le taciturne Beatte, qui marchait en avant, avait beau s'arrêter de temps en temps et se retourner vers son compagnon d'un air de reproche sévère, il était impossible de contraindre le loquace Tony *jouer l'Indien,*

Plusieurs autres chasseurs se mirent aussi en campagne, et le vieux Ryan revint des premiers avec de belles dépouilles, ayant tué un daim mâle et deux jeunes biches. Je m'approchai d'un groupe qui s'était formé autour du vétéran, et qui semblait discuter les mérites d'un stratagème quelquefois employé dans la chasse aux daims. Il consiste à imiter le cri du faon avec petit instrument nomme *bêleur,* et l'on attire ainsi les mères à la portée du fusil. On a de Ces instrumens de différentes sortes, appropriés au temps calme, au temps d'orage, à l'âge des faons. La pauvre biche, trompée par eux, dans son inquiétude pour son petit, s'avance quelquefois tout près du chasseur. « Une fois, dit un des jeunes gens, j'ai fait arriver, en bêlant, une biche à vingt pas de moi ; je pouvais la viser à coup sûr : trois fois je mis en joue, et trois fois je n'eus pas le cœur de tirer. La pauvre bête regardait d'un air si triste que j'en étais tout attendri. Je pensais à ma mère, je me rappelais combien elle s'alarmait pour moi quand j'étais petit ; cela me décida tout d'un coup : je criai, et en un moment, la biche effarouchée fut hors de la portée de mon fusil.

— Et vous fîtes bien, s'écria l'honnête Ryan ; pour ma part, je n'ai jamais pu me résoudre à bêler les daims. Je me suis trouvé avec des chasseurs qui avaient des *bêleurs* y et je les ai obligés à les jeter. Prendre avantage de l'amour d'une mère pour ses enfans, est une vraie manœuvre de coquin. »

Sur le soir, nos trois héros revinrent de leur mystérieuse course. La langue de Tony annonça leur approche longtemps avant que l'on put les apercevoir : il criait de toute la force de ses poumons, et attira l'attention du camp entier. La marche pesante de leurs chevaux et leurs flancs haletans donnaient des témoignages d'un rude exercice ; et lorsqu'ils furent tout-à-fait en vue, nous trouvâmes qu'ils étaient chargés de viande comme l'étal d'un boucher. Dans le fait, ils avaient parcouru une immense prairie qui s'étendait au-delà de la forêt, et qui était couverte de troupeaux de buffles. Dans sa convention avec les Osages que nous avions dernièrement rencontrés, Beatte avait été informé de l'existence de cette prairie dans le voisinage, et de l'abondance de gibier qu'elle contenait ; mais il en avait fait un secret aux cavaliers rôdeurs, afin d'avoir, lui et ses camarades, le plaisir d'explorer les premiers cette chasse. Ils s'étaient contentés de tuer quatre buffles, bien qu'ils eussent pu, au dire de Tony, en tuer par vingtaines.

Ces nouvelles, et la chair de buffle apportée comme pièces de conviction, répandirent la joie dans le camp ; chacun espérait une heureuse chasse sur les Prairies. Tony devint encore l'oracle des cavaliers, et il entretint pendant des heures un groupe auditeurs attentifs, assis sur leurs talons autour du feu, leurs épaules remontant jusqu'à leurs oreilles. Il était plus glorieux que jamais de son adresse comme tireur ; il attribuait les coups manques de la première partie de notre marche à la mauvaise fortune, peut-être même à l'enchantement ; et voyant qu'il était écouté avec une crédulité apparente, il donna un exemple de ce dernier cas, en affirmant que la chose lui était arrivée à lui-même ; mais c'était évidemment un conte recueilli chez les Osages, ses voisins et alliés.

Suivant ce récit, Tony, à l'âge de quatorze ans, étant un jour à la chasse, vit un daim blanc sortir d'un ravin ; il se glissait dans les buissons pour l'ajuster, lorsqu'il en vit un autre, puis un autre encore, et jusqu'à sept, tous aussi blancs que la neige. Arrivé à leur portée, il en distingua un, et tira sur lui sans effet ; il rechargea, tira de nouveau, et manqua son coup ; il continua ainsi de tirer et de manquer, jusqu'à ce qu'il eût épuisé ses munitions, et les daims restèrent parfaitement intacts. Il rentra, désespérant de son adresse ; mais il fut consolé par un vieux chasseur osage. « Ces daims blancs, disait-il, sont enchantés ; ils ne peuvent être tués que par des balles d'une espèce particulière. »

Le vieil Indien fondit quelques balles pour Tony ; mais il ne voulut pas qu'il fût présent à ses opérations, et ne lui dit point de quels ingrédiens et de quelles cérémonies mystérieuses il faisait usage pour ce charme.

Pourvu de ces balles, Tony retourna à la quête des daims blancs, et les retrouva. Il essaya d abord de les tirer avec des balles ordinaires, et les manqua ; mais la première balle enchantée fît tomber un daim superbe ; tous les autres prirent la fuite, et on ne les revit plus.

Le 29 octobre, le temps était couvert et menaçant au commencement de la matinée ; mais sur les huit heures, le soleil perça les nuages, éclaira la forêt, et les sons du cor donnèrent le signal du départ. Alors les divers mouvemens les clameurs, la gaité, animèrent la scène ; ici l'on courait, on criait après les chevaux, quelques jeunes gens les montaient à poil, et chassaient devant eux les montures de leurs camarades ; là on enlevait les couvertures humides qui avaient servi de tentes ; plus loin on se hâtait de faire les paquets et de les charger sur les bêtes de somme aussitôt qu'elles arrivaient ; plusieurs nettoyaient leurs fusils mouillés, et les rechargeaient afin d'être prêts pour la chasse.

À dix heures nous commençâmes notre marche : je restai le plus long-temps possible à la queue lie la colonne, tandis qu'elle passait le ruisseau-torrent et défilait parmi les labyrinthes de la forêt. J'aimais à rester ainsi en arrière, jusqu'à ce que j'eusse vu disparaître le dernier homme et que les dernières notes du cor se fussent perdues dans les airs ; j'aimais à voir les agrestes paysages retomber dans le silence et la solitude. Cette fois, le site abandonné par notre camp bruyant offrait une scène de complète désolation. En plusieurs places les bois environnans transformés en marais fangeux ; des arbres, tombés sous la hache et partiellement dépecés, épars en fragmens énormes ; des feux mourans, devant lesquels des quartiers de venaison et de chair de buffle rôtis, posés sur des broches de bois, portaient les marques du couteau des chasseurs affamés ; le sol jonché d'os, de cornes, d'andouillers, même de morceaux de viande crue et de dindons avec leurs plumes, que les jeunes chasseurs n'avaient pas daigné ramasser, dans leur imprévoyante prodigalité ; enfin, pour compléter le tableau, une volée de busards ou vautours, qui décrivaient en l'air des cercles majestueux, et se préparaient à fondre sur le campement aussitôt que nous serions hors de vue.

CHAPITRE XXIX.

La grande Prairie. — La chasse aux buffles.

Une marche d'environ deux heures, dans la direction du sud, nous conduisit hors de l'aride zone des forêts transversales, et nous vîmes, avec un délice infini, la grande Prairie s'étendre devant nous à droite et à gauche. Nous pouvions suivre le cours sinueux de la grande Canadienne, et de plusieurs autres courans moins considérables, par les lignes vertes des bois qui bordent leurs rives. Le paysage était d'une beauté frappante : l'aspect de ces plaines sans bornes et d'une si liche végétation produit toujours une sorte de dilatation ; on croit respirer plus librement au milieu de cette vaste étendue de terres fertiles ; mais j'éprouvais cette émotion avec une double intensité en sortant de *notre clôture d'innombrables rameaux.*

Du haut d'une petite éminence, Beatte nous montra la place où ses camarades et lui avaient tué les buffles ; il nous fit remarquer plusieurs objets bruns qui se mouvaient au loin, et nous dit qu'ils appartenaient au troupeau attaqué la veille. Le capitaine se détermina à marcher vers un fond boisé à un mille de distance, et à s'établir là une couple de jours afin d'avoir une chasse aux buffles régulière et de renouveler les provisions. Tandis que les cavaliers défilaient le long du penchant de la colline, vers le campement désigné, Beatte nous proposa de nous mettre sous sa conduite mes compagnons de table et moi, en nous promettant de nous mener sur un excellent terrain de chasse. Nous laissâmes donc la ligne de marche pour gagner la prairie, en traversant une petite vallée et un léger renflement du sol. Arrivés au sommet de ce pli, nous vîmes une troupe de chevaux sauvages à un mille de nous ; à l'instant Beattle oublia les buffles, et, monté sur son vigoureux cheval demi-sauvage, le lariat pendu à sa selle, il se mit à leur poursuite, pendant que nous restions sur la hauteur à contempler ses manœuvres avec un vif intérêt. Profitant de l'avantage offert par une ligne de bois, il s'y glissa doucement, et parvint tout près des chevaux avant d'en être aperçu ; mais dès le moment où il se présenta à leur vue, ils décampèrent avec la rapidité du vent. Nous le suivions des yeux se dessinant sur l'horizon éloigné, semblable à un corsaire chassant un bâtiment marchand ; enfin il passa sur la crête d'une éminence, de là dans une vallée peu profonde, puis sur une colline opposée, en touchant presque l'un des chevaux. Bientôt il se trouva tête contre tête avec lui, et paraissait tâcher de l'enlacer ; mais alors tous deux disparurent à l'ombre de la colline, et nous ne les vîmes plus. Il nous conta ensuite qu'il avait en effet jeté le nœud sur un cheval superbe et très vigoureux, mais il ne put le retenir, et perdit son lariat dans ses efforts.

Tandis que nous attendions son retour, nous vîmes deux buffles. Ils descendaient une pente conduisant à un ruisseau qui coulait au fond d'un ravin bordé d'arbres. Le jeune comte et moi nous tentâmes de les approcher sous le couvert des arbres. Quand ils nous découvrirent, nous étions encore à trois ou quatre cents toises d'eux, et se retournant aussitôt, ils firent retraite sur le terrain élevé. Nous poussâmes nos chevaux à travers le ravin, et leur donnâmes la chasse. L'immense poids de la tête et des épaules rend les montées difficiles au buffle, mais accélère sa marche dans les descentes. En ce moment, nous avions donc l'avantage, et nous eûmes bientôt gagné les fugitifs, bien qu'il ne fût pas aisé d'obliger nos chevaux à s'en approcher, leur odeur seule leur inspirant de la terreur. Le comte avait un fusil à deux coups chargé à balles ; il fit feu, et manqua. Alors les taureaux-buffles changèrent de direction, et galopèrent en descendant la colline avec rapidité. Comme ils prirent des chemins différens, chacun de nous s'attacha à l'un de ces animaux, et nous nous séparâmes. J'étais pourvu d'une paire de pistolets que j'avais empruntés à fort Gibson, et qui avaient évidemment vu plus d'une campagne. Les pistolets sont une arme très convenable pour la chasse aux buffles, parce que le chasseur peut arriver très près de l'animal, et tirer en courant ; tandis que les longues carabines, en usage sur la frontière, ne peuvent être aisément maniées ni déchargées avec justesse à cheval. Mon objet était donc de m'approcher du buffle à la portée du pistolet. Ce n'était pas chose facile. J'étais bien monté, sur un cheval sûr et vite, plein d'ardeur pour la chasse, et qui atteignait sans peine le gibier ; mais aussitôt qu'il se trouvait en ligne parallèle, il reculait en remuant les oreilles avec tous les symptômes de l'aversion et de la frayeur, sentimens du reste parfaitement naturels. Parmi tous les animaux, le buffle, quand il est pressé par le chasseur, a très certainement l'aspect le plus diabolique. Ses deux cornes noires et courtes se recourbant des deux côtés d'un large front hérissé, ses yeux semblables à des charbons ardens, sa bouche béante, sa langue d'un, rouge vif tirée en demi-croissant, sa queue redressée dont le bout panaché flotte dans les airs, tout cela produit une image parfaite de rage mêlée de terreur.

Avec infiniment de peine, je forçai cependant mon cheval à s'approcher à la distance convenable, et je tirai ; mais, à mon grand chagrin, les deux pistolets ratèrent. Les platines de ces vétérans étaient tellement usées que, pendant le galop, l'amorce était tombée du bassinet. Quand le second pistolet manqua, j'étais tout près du buffle, qui, dans son désespoir, se retourna, et avec un ronflement sourd se lança sur moi. Mon cheval tourna sur lui-même comme sur un pivot, prit un élan convulsif, et comme je me penchais de côté, le pistolet tendu, je faillis être jeté par terre, aux pieds du buffle.

Trois ou quatre bonds de mon cheval nous mirent hors des atteintes de l'ennemi, et celui-ci, qui n'avait attaqué que pressé par l'instinct de sa propre défense, reprit la fuite promptement. Aussitôt que je fus venu à bout de calmer la terreur panique de mon cheval, je remis en état les pistolets, et tâchai de regagner le buffle, qui avait ralenti sa course, afin de reprendre haleine. À mon approche, il recommença un galop pesant et précipité à travers les ravins et les marécages, et plusieurs daims et quelques loups, effrayés sous leur couvert par le tonnerre de sa course, s'enfuyaient pêle-mêle des deux côtés de la vallée.

Un galop, sur ces territoires de chasse, à la poursuite du gibier, n'est pas aussi doux que pourraient se l'imaginer ceux qui se représentent les Prairies comme des plaines parfaitement unies et découvertes. Celles où nous étions alors sont, il est vrai, moins encombrées de plantes à fleurs et de longues herbes que les basses Prairies, et sont principalement couvertes de cette herbe courte, nommée gazon de buffles ; mais elles sont entremêlées de collines et de vallons, et, dans les endroits les plus plats, coupées par de profondes rigoles, ou ravins, formés par des torrens après les pluies, et qui, s'ouvrant sur une surface plane, sont de vrais trébuchets sur le chemin du chasseur, l'arrêtent en pleine course, ou l'obligent à risquer sa vie et ses membres. De plus, les plaines sont sillonnées par les trous de petits animaux, dans lesquels les chevaux entrent parfois jusqu'au jarret et tombent alors avec leur cavalier. Les dernières pluies avaient inondé une partie de la prairie où le sol était dur, et recouvert d'une nappe d'eau, à travers laquelle il fallait marcher. En d'autres parties, on trouvait d'innombrables creux, peu profonds, et de huit à dix pieds de diamètre, faits par les buffles, qui aiment à se vautrer dans le sable et la bourbe, comme les pourceaux. Ces creux, remplis d'eau, brillent comme des miroirs, et les chevaux sautent continuellement par dessus, ou bien s'en éloignent en faisant un écart. Nous étions alors dans la partie la plus rude, la plus inégale de la prairie. Le buffle, qui courait pour sauver sa vie, ne choisissait pas ses chemins, et plongeait tête baissée dans les précipices, dont il fallait suivre les bords pour chercher une descente plus sûre. Enfin il arriva dans un endroit où un torrent d'hiver avait creusé un fossé profond à travers la prairie tout entière. Le fond de ce ravin était formé de fragmens de rochers, et ses bords étaient deux côtes escarpées de cailloux roulans et de terre. Un de ces buffles s'y lança, moitié en sautant, moitié en roulant, et prit sa course au milieu des roches inégales. Voyant l'inutilité de le poursuivre plus long-temps, je m'arrêtai, et le regardai s'éloigner, jusqu'à ce qu'il eût disparu dans les détours du ravin.

Tout ce qu'il me restait à faire était de tourner bride, et de rejoindre mes compagnons. Ici quelque petite difficulté se présentait. L'ardeur de la chasse m'avait entraîné bien loin, et je me trouvais au milieu d'une vaste solitude, où la perspective était bornée par les mouvemens d'un terrain onduleux, uniforme, et sur lequel, faute de traits distincts et de points de reconnaissance, un voyageur inexpérimenté peut s'égarer aussi facilement qu'en pleine mer. Pour comble d'infortune, le temps était couvert, et je ne pouvais me guider sur le soleil. Ma seule ressource était de retourner sur les traces de mon cheval, et bien souvent je les perdais dans les lieux où les herbes desséchées étaient abondantes. Pour un homme non accoutumé à explorer ces solitudes, elles ont un caractère d'abandon, d'absence de vie qui surpasse de beaucoup l'effet d'une forêt déserte. Dans celle-ci, la vue est bornée par les arbres, et l'imagination est libre de se représenter au-delà quelque scène plus animée ; mais sur les Prairies, l'œil se perd dans une immense étendue sans apercevoir un signe d'existence humaine. On se sent hors des limites des terres habitées ; on croit errer dans un monde dépeuplé. Tandis que mon cheval repassait lentement sur les sites de notre récente course, le délire de la chasse étant dissipé, je sentis vivement l'impression de ces circonstances décourageantes. Le silence du désert était interrompu de temps en temps par les cris d'un grand nombre de pélicans, qui se promenaient comme des fantômes autour d'un étang très éloigné, ou par le croassement sinistre d'un corbeau. Souvent aussi un loup effronté détalait devant moi ; puis, ayant atteint la distance nécessaire pour se mettre en sûreté, il s'asseyait, et se mettait à hurler sur un ton si lamentable que la solitude en recevait un nouveau degré de tristesse. Après avoir marché quelque temps, j'aperçus au loin un homme à cheval sur le bord d'une colline ; c'était le comte ; il n'avait pas été plus heureux que moi, et tous deux nous rejoignîmes bientôt notre digne camarade le *virtuose*, qui, les lunettes sur le nez, avait tiré deux ou trois coups infructueux.

Nous nous décidâmes à ne point rentrer au camp avant d'avoir encore tenté la fortune. Jetant les yeux sur l'immense prairie, nous vîmes à la distance d'environ deux milles un troupeau de buffles qui paissaient tranquillement auprès d'une ligne peu profonde d'arbres et de buissons. Il fallait un léger effort de l'imagination pour se figurer que c'étaient des bestiaux sur un pré commun, et que sous le bosquet se trouvait une ferme solitaire.

Notre plan était de tourner les buffles, et, en les prenant du côté opposé, de les chasser dans la direction où le camp était situé. En agissant autrement, nous nous serions trop éloigné pour qu'il nous fût possible de revenir au gîte avant la nuit. Ainsi donc, en prenant un long circuit, nous avançâmes lentement et avec circonspection, nous arrêtant chaque fois qu'un des buffles cessait de brouter ; heureusement nous avions le vent en face, car sans cela ils nous auraient sentis et auraient pris l'alarme. De cette manière nous parvînmes à les dépasser sans les déranger de leur repas. Ce troupeau se composait d'environ quarante têtes, taureaux, vaches et veaux. Nous nous séparâmes l'un de l'autre à quelque distance, puis nous nous approchâmes sur une ligne parallèle, espérant arriver près de ces animaux sans attirer leur attention. Cependant ils commençaient à se retirer tout doucement, s'arrêtant presque à chaque pas pour prendre encore une bouchée d'herbe, quand un taureau que nous n'avions pas vu parce qu'il faisait la sieste sous un massif d'arbres à notre gauche, se leva brusquement et se hâta de rejoindre ses compagnons. Nous étions encore assez loin d'eux ; mais l'alarme était donnée, nous pressâmes le pas, ils se mirent au galop, et nous entrâmes en pleine chasse.

Le terrain étant plane, ils couraient à la file avec rapidité, deux ou trois taureaux formant l'arrière-garde : le dernier, avec son corps énorme, son toupet et sa barbe vénérable, avait l'air du patriarche du troupeau d'un ancien monarque de la prairie.

L'apparence de ces grands animaux en fuite est en même temps grotesque et sublime quand ils déplacent leur lourde masse par l'abaissement et l'élévation alternatifs de leur cou raide et de leur grosse tête ; avec leurs queues retroussées à la Jeannot, dont la pointe bat l'air d'une manière formidable et pourtant ridicule, et leurs yeux enflammés, effarés, exprimant la colère et la frayeur.

Pendant quelque temps je courus en ligne parallèle avec eux, sans pouvoir forcer mon cheval à les approcher à portée du pistolet, tant il avait été épouvanté de l'assaut du buffle dans la précédente rencontre ; enfin je réussis ; mais mes pistolets firent encore long feu. Mes compagnons, qui n'avaient pas d'aussi bons chevaux, ne purent regagner le troupeau ; cependant, M. L... tira son fusil de chasse : la balle atteignit un buffle au-dessus des lombes, brisa l'épine du dos, et l'animal tomba. M. L... descendit de cheval pour achever sa proie ; alors j'empruntai son fusil, qui contenait encore une charge, et, reprenant le galop, je rattrapai les fuyards, que poursuivait aussi le comte. Avec cette arme je n'avais plus besoin de pousser mon cheval aussi près de notre gibier formidable ; et lorsque je fus à leur niveau, je choisis un des plus beaux buffles, et je l'abattis par un coup heureux. La balle avait porté sur une partie mortelle : il ne put faire un seul pas, et resta par terre à se débattre dans les angoisses de l'agonie, tandis que le reste de la troupe continuait à courir tête baissée à travers la prairie avec un bruit égal au tonnerre. Je mis pied à terre, je liai mon cheval afin qu'il ne pût s'égarer, et je m'avançai pour contempler ma victime. Je ne suis point du tout chasseur ; j'avais été entraîné à cet acte inusité par la grandeur de la proie et l'excitation d'une chasse aventureuse. Maintenant cette excitation était passée, et je regardais avec un sentiment de pitié ce pauvre animal luttant contre la mort et répandant son sang à mes pieds. Son énormité même, sa puissance, accroissaient mes regrets ; il semblait que j'avais infligé une peine proportionnée à la dimension du patient, comme s'il y avait cent fois plus de vie détruite que s'il se fût agi d'un animal du plus petit calibre.

Pour ajouter à ces tardifs remords de conscience, la malheureuse bête ne pouvait mourir ; sa blessure était mortelle, mais il était de force à lutter encore long-temps. Il eût été cruel de le laisser là exposé à être déchiré vivant par les loups, qui avaient déjà senti le sang, et rôdaient en hurlant à peu de distance, attendant mon départ ; ou bien par les corbeaux qui planaient au-dessus de nous, et remplissaient l'air de leurs croassemens lugubres. C'était un acte de miséricorde de lui donner le repos, de mettre fin à ses douleurs. J'armai un des pistolets, et je m'approchai du pauvre buffle. Infliger ainsi une blessure de sang-froid, ou bien tirer sur un animal dans la chaleur de la chasse, sont deux choses totalement différentes, et je sentais une extrême répugnance à exécuter cet acte de commisération réelle. Toutefois, je pris mon parti, et tirai juste derrière l'épaule. Cette fois mon pistolet ne manqua point : la balle atteignit probablement le cœur, le buffle fit un mouvement convulsif, et il expira.

Tandis que je restais méditant et moralisant sur la destruction que j'avais si légèrement produite, mon cheval paissant près de moi, mes compagnons me rejoignirent. Le *virtuose* homme d'une adresse universelle, d'une expérience encore plus grande, et surtout très versé dans la noble science de la vénerie, coupa la langue du buffle, et me la donna pour la rapporter comme un trophée.

CHAPITRE XXX.

Un camarade perdu. — Recherche du camp — Le commissaire, le cheval sauvage et le buffle. — Sérénade de loups.

Notre sollicitude fut alors éveillée au sujet du jeune comte : avec sa vivacité ordinaire, il avait persisté à pousser sa monture épuisée à la poursuite du troupeau, ne voulant pas rentrer au camp sans avoir tué un buffle. Il avait donc continué a courir sur leurs traces, tirant par intervalles un coup infructueux ; enfin le cavalier et le gibier pourchassé devinrent impossibles à distinguer dans l'éloignement, et des plis du terrain, et des lignes d'arbres et des broussailles les dérobèrent entièrement à notre vue.

Au moment où l'amateur de tout me rejoignit, le jeune comte était depuis long-temps hors de vue. Nous nous consultâmes sur ce qu'il y avait à faire : le jour baissait. Si nous cherchions il le suivre, il serait nuit avant que nous l'eussions rattrapé, en supposant même que nous ne perdissions point ses traces. Nous aurions alors beaucoup de peine à retrouver le chemin du camp ; il n'était pas même très facile de le reconnaître de la place où nous étions. Nous nous décidâmes donc à tâcher d'arriver au campement aussi vite que possible, et à envoyer nos métis et quelques uns de nos chasseurs vétérans en croisière sur la prairie, à la recherche de notre compagnon.

Nous avançâmes donc dans la direction que nous supposions conduire au camp. Nos chevaux, épuisés de fatigue, avaient peine à marcher seulement au pas. Le crépuscule avait déjà remplacé le jour, le paysage allait s'effaçant par degrés, et nous ne pouvions plus distinguer les points divers que nous avions remarqués le matin pour nous reconnaître. Les traits des Prairies ont entre eux une similitude qui défie l'observation de tout autre qu'un Indien ou un chasseur accoutumé à ces contrées. Enfin la nuit devint complète. Nous espérions apercevoir de loin la lueur des feux : nous prêtions l'oreille pour saisir le son des clochettes des chevaux. Une ou deux fois nous crûmes les entendre : c'était une méprise. Rien ne troublait le silence hors le monotone concert des insectes, et de temps à autre le hurlement lugubre des loups mêlé au vent de la nuit. Nous pensions à faire halte et à bivouaquer dans quelque bosquet. Nous étions pourvus des instrumens nécessaires pour faire du feu, il ne manquait pas de combustibles autour de nous, et les langues des buffles nous auraient fourni le souper.

Comme nous nous préparions à descendre de cheval, nous entendîmes un coup de fusil à quelque distance, et bientôt après les sons du cor appelant la garde de nuit. Nous poussâmes dans cette direction, et les feux de camp frappèrent, au bout d'un moment, notre vue, parmi les bosquets d'un fond de terrain d'alluvion.

À notre arrivée, le camp présentait une scène de rustique débauche de chasseurs. La journée avait été employée à une grande chasse, à laquelle tout le monde avait pris part : on avait tué huit buffles. Des feux brillaient et pétillaient de tous côtés ; toutes les mains étaient occupées autour des membres rôtis, des os à moelle grillés, ou de la bosse succulente, si célèbre parmi les gourmets des Prairies. Ce fut avec délices que nous descendîmes de nos montures exténuées, pour participer à ce festin héroïque, ayant passé la journée à cheval sans prendre la moindre nourriture.

Nous retrouvâmes notre digne ami le commissaire, duquel nous nous étions séparés au début de cette aventureuse journée, couché dans un coin de la tente, rendu de fatigue, tout déconfit par une chasse heureuse et glorieuse.

Voici le fait. Beatte, notre métis, voulant signaler son zèle en donnant au commissaire l'occasion de se distinguer à la chasse, l'avait fait monter sur son cheval demi sauvage, et mis sur les traces d'un taureau-buffle que les chasseurs avaient effrayé. Le cheval, aussi intrépide que son maître, et, ainsi que lui, d'une nature tant soit peu diabolique, d'ailleurs depuis long-temps familiarisé avec ce gibier monstrueux, n'eut pas plus tôt vu et senti le buffle qu'il emporta son cavalier bon gré mal gré, montant les collines, descendant les vallées, sautant les ruisseaux et les flaques, se lançant dans les précipices, si bien qu'il atteignit en moins de rien la bête fugitive. Alors, au lieu de prendre le large, il se serra contre le buffle. Le commissaire, presque pour se défendre, déchargea les deux coups de sa carabine sur les flancs de l'ennemi. Cette bordée eut de l'effet, mais non un effet mortel. Le buffle se retourna furieux contre son adversaire. Le cheval, suivant ce qu'on lui avait enseigné, fit volte-face. Le buffle le poursuivit. Dans cette extrémité, le digne commissaire tira son unique pistolet, fit feu comme un chasseur déterminé ; le coup porta ; la balle pénétra dans la poitrine du buffle, qui chancela, et roula enfin sur la terre.

À son retour au camp, le commissaire fut accablé d'éloges sur son exploit signalé ; mais il était encore plus accablé de fatigue. Il avait couru et vaincu malgré lui ; il faisait donc la sourde oreille a tous les complimens, et la bonne chère des chasseurs, placée devant lui, ne le tentait guère. Il se retira le plus tôt possible pour étendre ses membres brisés sous la tente, et déclara que rien au monde ne pourrait désormais le décider à monter le quasi-démon de cheval indien, et qu'il renonçait pour la vie à la chasse aux buffles.

Il était maintenant trop tard pour envoyer à la recherche du comte ; mais l'on tira des coups de fusil et l'on donna du cor de temps en temps, afin de le guider vers le camp si par hasard il se trouvait à portée de les entendre ; mais la nuit avança, et il ne parut point. Pas une seule étoile sur laquelle il pût se diriger ne brillait dans le ciel, et nous supposâmes qu'il ne continuerait point à errer dans les ténèbres, mais qu'il bivouaquerait jusqu'au jour.

C'était une nuit sombre et froide. Les carcasses des buffles tués dans le voisinage du camp avaient attiré le nombre accoutumé de loups voraces, qui exécutaient un horrible concert de hurlemens prolongés en cadences plaintives. Rien de plus mélancolique, de plus terrifiant que le hurlement nocturne du loup dans une prairie ; mais en songeant à la situation abandonnée, périlleuse de notre pauvre ami, l'obscurité profonde et la sauvage musique du désert nous paraissaient encore plus épouvantables. Toutefois nous espérions qu'au retour de l'aurore, il retrouverait le chemin du camp, et qu'alors tous les événemens de la nuit ne seraient rappelés que comme autant de bonnes fortunes pour sa passion chevaleresque.

CHAPITRE XXXI.

Expédition pour retrouver le comte.

Le jour parut, et une ou deux heures se passèrent sans aucune nouvelle du comte. Nous commencions à être sérieusement inquiets de lui ; car n'ayant point de boussole, et aucun point sur lequel il pût se guider, il pouvait être égaré bien loin du camp. On perd souvent ainsi des traîneurs pendant plusieurs jours ; mais son cas était plus fâcheux, à cause de sa complète inexpérience. D'ailleurs, il n'avait point de provisions, et pouvait tomber dans les mains de quelque parti de sauvages.

Aussitôt que nos gens eurent déjeuné, nous organisâmes une levée de volontaires pour faire une croisade sur la prairie, à la recherche du comte. Une douzaine de cavaliers, montés sur les chevaux les meilleurs et les plus frais, et armés de fusils, furent prêts en un moment ; et nos métis se joignirent à eux avec zèle, aussi bien que notre demi-Français. M. L. et moi, nous nous mimes à la tête de la troupe y afin de la conduire sur le site de notre dernière chasse, où nous avions été séparés du comte, et tous ensemble nous nous avançâmes sur la prairie. Une course d'un ou deux milles nous mena où gisaient les corps des buffles que nous avions tués. Une légion de corbeaux se gorgeaient déjà sur ces carcasses. À notre approche, ils s'éloignèrent à regret, et s'arrêtant à la distance d'une centaine de toises, ils regardaient la proie d'un œil avide, attendant notre départ pour recommencer leur festin.

Je conduisis Antoine et Beatte a l'endroit où le jeune comte avait continué seul la poursuite. C'était mettre des lévriers sur une piste. Ils distinguèrent sur-le-champ les traces de son cheval au milieu des empreintes profondes des pieds de buffle, et coururent presqu'en droite ligne à plus d'un mille, où le troupeau s'était divisé çà et là, sur une pelouse. Ici les traces du cheval se croisaient, allaient en sens divers. Nos métis étaient comme des chiens en défaut. Tandis que nous étions rassemblés autour d'eux, en attendant qu'ils se fussent reconnus dans ce labyrinthe, Beatte poussa tout à coup un de ses cris ou plutôt de ses aboiemens indiens, et nous montra une colline éloignée. En regardant attentivement, nous distinguâmes un homme à cheval sur le sommet de cette hauteur. « C'est le comte ! » s'écria Beatte ; et il s'élança au galop dans cette direction, suivi de toute la compagnie. Peu d'instans après, il arrêta son cheval. Un autre cavalier avait paru sur le front de la colline. Cela changeait complètement le cas. Le comte était seul lorsqu'il s'était égaré, et il ne manquait personne au camp. Si l'un de ces cavaliers était en effet notre ami, l'autre devait être un Indien, et probablement un Pawnie. Peut-être tous deux appartenaient-ils à quelque parti de sauvages, dont ils étaient les espions. Pendant que nous faisions à la hâte ces diverses suppositions, les deux figures se glissèrent le long de la montagne, et nous les perdîmes de vue. Un de nos rôdeurs suggéra l'idée qu'ils pouvaient faire partie d'une horde de Pawnies cachés derrière la colline, et dans les mains desquels le comte était peut-être tombé. Cette idée produisit un effet électrique sur la petite troupe. À l'instant, tous les chevaux furent mis en plein galop, les métis courant en avant, et les jeunes cavaliers jetant des cris de joie en pensant qu'ils allaient se mesurer avec les Indiens. Une course désespérée nous mena au pied de la colline, et nous fit voir notre méprise. Au fond d'un ravin, nous aperçûmes les deux hommes, debout, près d'un buffle qu'ils avaient tué. C'étaient deux de nos cavaliers, qui étaient sortis du camp un peu avant nous sans être remarqués, et qui étaient arrivés là en ligne directe, tandis que nous avions fait un circuit dans la prairie.

Cet épisode ainsi terminé, et l'excitation soudaine qu'il avait produite étant refroidie, nous retournâmes lentement sur nos pas vers la prairie. Il fallut un peu de temps et de peine à nos métis pour retrouver les traces du comte. Ayant enfin réussi à les discerner, ils les suivirent dans toutes leurs allées et venues, jusqu'à une place où elles n'étaient plus mêlées avec les empreintes des buffles, mais se dirigeaient çà et là sur la prairie, toujours dans une direction opposée au camp. Ici le comte avait sans doute abandonné sa chasse, et cherché son chemin pour retourner au campement ; mais les ombres de la nuit, en s'épaississant autour de lui, l'avaient empêché de se reconnaître.

Dans cette recherche, nos métis déployèrent cette promptitude, cette finesse de coup d'œil qui distingue les Indiens. Beatte surtout était comparable à un excellent chien de chasse, vieilli dans son métier. Quelquefois il trottait, les yeux fixés sur la terre, un peu en avant de la tête de son cheval, discernant parmi les herbes des empreintes invisibles pour moi, excepté en y regardant de très près et avec une minutieuse attention. D'autres fois, il ralentissait le pas en fixant ses regards sur une place où rien n'était apparent ; alors il descendait, menait son cheval par la bride, et s'avançait doucement, le visage incliné vers la terre, saisissant de loin à loin des indications de la plus vague espèce. En certaines places, où le sol était dur et les herbes sèches, il perdait complètement la piste, et allait et venait en avant, en arrière, à droite et à gauche, jusqu'à ce qu'il eût un nouveau point de départ. S'il ne réussissait pas à en trouver un, il examinait les bords des ruisseaux voisins, ou les fonds de sable des ravins, dans l'espoir de reconnaître l'endroit où le comte les avait traversés. Quand il avait découvert la trace, il remontait à cheval, et recommençait sa course. Enfin, après avoir passé un ruisseau sur les rives croulantes duquel les fers d'un cheval étaient profondément marqués, nous arrivâmes à une prairie élevée et desséchée, sur laquelle nos métis furent complètement dépistés. Pas une empreinte de pieds ne pouvait y être distinguée dans aucune direction, et Beatte, s'arrêtant tout à coup, hocha la tête d'un air tout-à-fait découragé.

En ce moment, une petite troupe de daims se leva d'un ravin adjacent, et vint à nous en bondissant. Beatte sauta en bas de son cheval, mit son fusil en joue, et blessa légèrement un de ces animaux. Le bruit du fusil fut immédiatement suivi d'un cri éloigné. Nous regardâmes autour de nous, et ne vîmes rien. Un autre cri plus rapproché se fit entendre ; enfin nous discernâmes un homme à cheval qui sortait d'une ligne de forêt. Un seul coup d'œil nous fit reconnaître le jeune comte. Des acclamations, une course générale s'ensuivirent. C'était à qui arriverait le plus tôt pour le féliciter. La rencontre fut joyeuse de part et d'autre. De notre côté, l'anxiété avait été grande, à cause de sa jeunesse et de son inexpérience ; et quant à lui, malgré son amour pour les aventures, il paraissait heureux de se retrouver avec ses amis.

Comme nous le supposions, il avait fait fausse route le soir précédent, et se trouvant égaré dans l'obscurité, il avait songé à bivouaquer. La nuit était froide ; mais il n'osa pas faire de feu, de crainte d'attirer quelque parti de maraudeurs indiens. Il attacha les jambes de son cheval avec son mouchoir, et le laissant paître sur la prairie, il grimpa dans un arbre, posa solidement sa selle entre les branches, et s'appuyant contre le tronc, il se préparait à passer une nuit inquiète, de temps en temps régalé par les hurlemens des loups. Il fut agréablement trompé dans son attente ; car la fatigue de la journée lui procura un sommeil profond ; il fit des rêves délicieux sur son pays natal, et ne s'éveilla qu'au grand jour.

Alors il descendit de son perchoir, monta à cheval, et courut le long de la crête d'une colline, d'où il aperçut une immense solitude, sans chemin tracé, s'étendant autour de lui dans toutes les directions. Cependant, à une distance peu considérable, il vit la grande Canadienne, qui serpentait entre des ceintures de forêts. La vue de cette rivière lui donna l'idée consolante que s'il ne retrouvait pas le camp, et si aucun de nous ne parvenait à le retrouver lui-même, il suivrait ce courant, qui le conduirait à quelque poste de la frontière ou à quelque hameau indien. Ainsi se terminèrent les événemens de notre hasardeuse chasse aux buffles.

CHAPITRE XXXII.

Une république de chiens de prairie.

En revenant de notre expédition à la recherche du jeune comte, j'appris qu'on avait découvert à un mille du camp, sur le plateau d'une colline, un terrier, ou, comme on les appelle, un grand village de chiens de prairie. De bonne heure dans l'après-midi, je m'acheminai avec un compagnon pour aller visiter ce curieux établissement. Le chien de prairie est un petit quadrupède de la famille des lapins, et de la grosseur du lapin commun. Il est vif, étourdi, sensible, et un peu pétulant. C'est un animal très social, vivant en nombreuses communautés qui occupent quelquefois plusieurs acres d'étendue, et où les traces foulées et refoulées, que l'on remarque sur le sol, prouvent l'extrême mobilité des habitans. Ils sont, en effet, dans un mouvement perpétuel, tantôt se livrant à des jeux, tantôt à leurs affaires publiques ou privées, et on les voit aller et venir d'un trou à l'autre, comme s'ils se rendaient des visites. Souvent ils se réunissent en plein air, pour gambader et courir ensemble à la fraîcheur du soir, après les pluies d'été. D'autres rois, ils passent la moitié de la nuit à se divertir, en aboyant, ou plutôt en japant d'une voix basse et faible, assez semblable à celle de très jeunes chiens. Mais à la moindre alarme, tous se retirent dans leurs cellules, et le village reste dépeuplé et silencieux. Quand ils sont surpris et n'ont aucun moyen d'échapper, ils prennent un certain air d'audace, et la plus drôle d'expression de défi, de colère impuissante.

Cependant les chiens de prairie ne sont pas les seuls habita ns de ces villages. Des hiboux et des serpens à sonnettes y prennent aussi leur domicile ; mais on ne sait s'ils sont des hôtes bien venus, ou des étrangers qui se sont introduits sans le consentement des premiers maîtres de l'établissement. Les hiboux qui se tiennent dans ces terriers sont d'une espèce particulière ; ils ont le regard plus vif, le vol plus rapide, les pattes plus élevées que les hiboux communs, et de plus, ils sortent en plein jour. Quelques uns disent qu'ils habitent les demeures des chiens de prairie seulement quand ceux-ci les ont abandonnées à cause de la mort de quelque parent ; car il paraît que la sensibilité de ces singuliers petits quadrupèdes ne leur permet pas de rester dans un lieu où ils ont perdu un ami. D'autres affirment que le hibou est une sorte d'intendant, de concierge pour le chien de prairie, et l'on prétend même, vu la ressemblance de leur cri, que l'oiseau apprend à japer aux jeunes chiens, et sert de précepteur dans les familles.

À l'égard du serpent à sonnettes, on n'a rien découvert de satisfaisant sur le rôle qu'il joue dans l'économie domestique de cette intéressante communauté. Quelques personnes insinuent que cet animal rusé s'introduit comme un vrai sycophante dans l'asile de l'honnête et crédule chien de prairie, qu'il trompe indignement. Il est certain qu'on l'a surpris parfois mangeant quelques uns des petits de ses hôtes, et qu'on peut inférer de là qu'il se permet en secret des dédommagemens au-dessus de ceux qui sont ordinairement accordés aux parasites souffre-douleurs.

Tout ce que j'avais entendu dire sur ces petits animaux sociaux et politiques me faisait approcher de leur village avec un grand intérêt ; malheureusement, dans le courant de la journée, il avait été visité par quelques chasseurs, qui avaient tué deux ou trois des citoyens. Toute la république était donc outragée et irritée. Des sentinelles avaient été posées, et à notre approche, nous entendîmes cette garde avancée décamper pour donner l'alarme. Les citoyens, qui se tenaient prudemment assis à l'entrée de leurs trous respectifs, après un court japement, s'enfoncèrent dans la terre, leurs talons s'agitant en l'air, comme s'ils avaient battu des entrechats.

Nous traversâmes le village, qui couvrait un espace de trente acres. Pas un seul habitant ne s'y montrait. On y voyait d'innombrables trous, chacun desquels avait à côté de lui un monticule de terre formé par le petit animal en creusant ses galeries souterraines. Tous ces trous étaient vides aussi loin que nous pûmes les sonder avec les crosses de nos fusils, et nous ne dénichâmes ni chien, ni hibou, ni serpent à sonnettes. Nous nous retirâmes à petit bruit ; et nous asseyant à terre non loin du terrier, nous restâmes assez long-temps immobiles et en silence, les yeux fixés sur le village abandonné. Par degrés, nous vîmes de vieux bourgeois expérimentes qui, se trouvant logés près des limites du village, passaient doucement le bout de Ici nez, puis se retiraient à l'instant ; d'autres plus éloignés sortaient tout-à-fait ; mais, en nous apercevant, ils faisaient leur culbute ordinaire, et se plongeaient dans leur trou. Enfin, quelques habitans du côté opposé, encouragés parla tranquillité continue, se glissèrent hors de leur maison, et se hâtèrent de courir à un trou, situé à une assez grande distance, comme s'ils allaient, chez un ami ou un compère, juger et comparer leurs observations mutuelles sur les derniers événemens. D'autres, encore plus hardis, formaient de petits groupes dans les rues et les places publiques, et s'occupaient évidemment des outrages récens faits à la république, et du meurtre barbare de leurs concitoyens. Nous nous levâmes, et nous avancions en tapinois pour tâcher de les voir de plus près ; mais, biouf ! biouf ! biouf ! fut le mot passé de bouche en bouche. Il y eut *descampativos* général. De tous côtés, nous vîmes des pieds tricotant ; et, dans un instant, tout disparut sous la terre.

La nuit mit fin à nos observations ; mais, longtemps après notre retour au camp, nous entendîmes une faible clameur s'élever du village ; on eût dit que ses habitants déploraient en commun la perte de quelque grand personnage.

CHAPITRE XXXIII.

Un conseil. — Motifs pour reprendre le chemin de la frontière. — Chevaux perdus. — Départ avec un détachement. — Terres marécageuses. — Cheval sauvage. — scène nocturne au camp. — Le hibou précurseur de l'aurore.

TANDIS que le déjeuner se préparait, ou tint conseil sur nos mouvemens futurs. Des symptômes de mécontentement se manifestaient, depuis quelques jours, parmi la troupe. La plupart des cavaliers, peu faits à la vie des Prairies, à ses privations, et à la contrainte militaire, commençaient à murmurer. La disette du pain avait été gravement sentie, et le grand nombre était fatigué d'une marche si longue et si continue. Dans le fait, l'expédition avait perdu les charmes de la nouveauté. On avait chassé le daim, l'ours, l'élan, le buffle et le cheval sauvage ; aucun objet d'intérêt majeur n'engageait plus à aller en avant. Le désir de rentrer chez soi commençait donc à prédominer dans le camp.

De graves raisons disposaient le capitaine à prendre cette résolution. Nos chevaux étaient presque abîmés par les fatigues des chasses et du voyage, et l'obligation de leur lier les jambes la nuit, dans la crainte des Indiens, jointe à la pauvreté des derniers pâturages, les avait réduits à un triste état. Les dernières pluies avaient emporté le peu qui restait d'herbages ; et, depuis notre campement pendant l'orage, nos bêtes avaient décliné rapidement. Tous les soins possibles ne pouvaient empêcher des animaux, accoutumés à la nourriture substantielle, régulière et abondante de l'écurie ou de la ferme, de perdre courage, et de s'amoindrir physiquement en voyageant sur les Prairies. Dans toutes les expéditions de ce genre, les chevaux indiens, qui sont généralement croisés de la race sauvage, doivent être préférés. Ils supportent les phis rudes exercices, les plus grandes privations, et s'engraissent en broutant le gazon et les herbes sauvages des plaines.

Nos hommes, d'ailleurs, avaient agi sans beaucoup de prévoyance, galopant à toute occasion, et courant après tout le gibier que le hasard leur présentait ; et ils avaient ainsi exténué leurs montures, au lieu de ménager leurs forces et leur courage. Dans une pareille tournée, un cheval doit, aussi rarement qu'on le peut, aller plus vite que le pas, et le terme moyen des journées devrait être de dix milles.

Nous avions espéré, en poussant plus avant, atteindre les plaines basses, voisines de la Rivière Rouge, qui abondent en jeunes cannes, excellente pâture pour les bestiaux dans cette saison ; mais nous étions arrivés au temps où les partis de chasseurs indiens mettent le feu aux Prairies : les herbes, dans la partie du pays où nous étions, se trouvaient dans l'état le plus favorable à la combustion, et tous les jours nous risquions davantage de voir les Prairies entre nous et le fort, incendiées par les Osages, et d'avoir à traverser un désert brûlé. En un mot, nous étions partis trop tard, ou nous avions passé trop de temps dans la première partie de notre croisière pour l'accomplir telle que nous l'avions projetée. En s'obstinant à la continuer, nous courions le hasard de perdre la plus grande partie de nos chevaux, et de souffrir les divers inconvéniens d'un retour à pied. Il fut décidé, en conséquence, que l'on prendrait la direction du sud-est pour arriver, par le plus court chemin, à Fort-Gibson.

Cette résolution une fois prise, on n'eut rien de plus pressé que de la mettre à exécution. Cependant plusieurs chevaux manquaient, entre autres ceux du capitaine et du chirurgien ; quelques hommes étaient allés à leur recherche, mais la matinée était avancée, et l'on n'en avait aucunes nouvelles. Notre petite compagnie se trouvant prête à marcher, le commissaire nous proposa de partir les premiers avec la même escorte d'un lieutenant et de quatorze cavaliers, qui nous avait amenés du fort, en laissant le capitaine revenir à sa commodité avec le corps principal. À dix heures nous partîmes donc sous la conduite de Beatte, qui connaissait parfaitement le pays et la route la plus directe pour arriver à Fort Gibson. Pendant quelque temps nous longeâmes la lisière des Prairies, en nous dirigeant au sud-est, et nous vîmes une grande variété de bêtes sauvages, daims, loups noirs et blancs, buffles et chevaux. À ces derniers, nos métis et Tony donnèrent une chasse infructueuse qui ne servit qu'à augmenter la fatigue de leurs montures.

Il est rare, en effet, que le cheval sauvage le plus faible, le moins véloce, se laisse prendre sur ces terrains difficiles, qui éreintent souvent le cheval du chasseur ; et celui-ci risque de perdre ainsi un bon coursier pour en gagner un mauvais. En cette occasion, Tony, véritable lutin à cheval, et connu pour son aptitude à ruiner tous les chevaux qu'il montait, vint à bout de rendre boiteux et invalide le beau gris d'argent qui l'avait porté dès le commencement du voyage.

Après avoir fait quelques milles, nous quittâmes la prairie pour prendre un sentier que Beatte nous dit être une trace de guerriers osages : ce sentier nous conduisit dans une région inégale et aride, entremêlée de forêts et de taillis épais, et coupée par des ravins profonds et des ruisseaux courans, sources principales de la Petite Rivière. Vers trois heures nous campâmes, près de quelques étangs, dans une étroite vallée. Notre course avait été de quatorze milles ; nous avions apporté des provisions du camp, et nous soupâmes de bon appétit avec du buffle en daube, de la venaison rôtie, des beignets de farine, frits avec de la graisse d'ours, et du thé fait avec une sorte de verge d'or que nous avions trouvée sur notre route, et dont l'infusion nous avait paru presque aussi agréable à boire que le café. À vrai dire, le café, qui nous fut servi à tous les repas, suivant la coutume de l'Ouest, tant que notre provision dura, n'était pas un breuvage digne d'éloges. Il était brûlé dans une poêle à frire avec assez peu de soin, moulu dans un sac de peau, sous une pierre ronde, et on le faisait bouillir ensuite dans notre principal et presque unique ustensile de cuisine, la marmite de camp, dans de l'eau de branche, ou de ruisseau, laquelle est toujours, sur les Prairies, fortement colorée par le sol, dont elle contient d'abondantes particules en état de solution ou de suspension. Nous avions en effet, dans le cours de notre voyage, senti le goût de toutes les variétés de terrain, et les eaux que nous avions bues pouvaient lutter, sous le rapport de la diversité de couleur, sinon de saveur, avec les teintures de la boutique d'un apothicaire. Une eau pure et limpide est un luxe très rare et très précieux sur les Prairies, du moins pendant cette saison.

Le souper fini, nous posâmes des sentinelles autour de notre miniature de camp ; les peaux et les couvertures furent étendues sur les branches des arbres, maintenant presque dépouilles de leur feuillage, et chacun dormit d'un sommeil profond et rafraîchissant jusqu'au jour.

Le soleil se leva brillant et pur ; le camp résonna encore des sons de la joie : on était ranimé par la pensée d'arriver bientôt au fort, et de se régaler de pain et de végétaux ; même notre homme saturnin, le métis Beatte, sembla se dérider un peu en cette occasion, et je l'entendis, en amenant les chevaux pour commencer la journée, chanter d'un ton nasal une très mélancolique chanson indienne. Cependant toute cette gaîté se dissipa bientôt dans les fatigues de la marche, sur un terrain aussi rude, aussi montueux, aussi difficile que celui de la veille. Nous atteignîmes, dans le courant de la matinée, la vallée où la Petite Rivière coule en serpentant à travers un large fond d'alluvion. Elle était alors débordée, et avait inondé In plus grande partie de la vallée. La difficulté était de distinguer le courant des grandes nappes d'eau qui s'étendaient sur ses bords, et de trouver un endroit guéable. La rivière semblait en général profonde et bourbeuse, et ses rives étaient escarpées et d'un terrain peu sûr. Pilotés par notre métis Beatte, nous errâmes assez long-temps parmi les nombreuses boucles de cette rivière : c'étaient de vrais labyrinthes de marécages, et de mares stagnantes, d'où nos chevaux épuisés ne pouvaient quelquefois retirer leurs pieds, arrêtés tantôt par des racines, tantôt par des plantes grimpantes, ou bien enfoncés dans la bourbe ; souvent ils avaient de l'eau jusqu'aux sangles pendant un assez long trajet. D'autres fois il nous fallait forcer le passage à travers des fourrés de ronces et de vignes sauvages, qui à tous momens nous jetaient presque hors des arçons. Un de nos chevaux de bât s'embourba, tomba sur le côté, et l'on eut beaucoup de peine à le dégager. Sur toutes les places où le sol était stérile, ou sur les bancs de sable, des traces innombrables d'ours, de loups, de buffles, de chevaux sauvages, de dindons et d'oiseaux aquatiques nous montraient l'abondance de gibier offerte au chasseur en cette contrée : mais nos gens étaient rassasiés de chasse, et trop fatigués pour être excités par ces signes qui auraient suffi, au début de notre voyage, pour leur causer une fièvre d'espérance et de joie. Maintenant leur unique désir était d'arriver au fort le plus tôt possible.

    Enfin nous trouvâmes un gué où nous traversâmes la Petite Rivière ; nous avions de l'eau jusqu'aux sangles de nos selles, et nous fûmes obligés de faire une halte d'une ou deux heures après le passage, pour laisser sécher les bagages mouillés et reposer les bêtes.

En reprenant notre marche, nous arrivâmes bientôt à une jolie petite prairie entourée d'ormes et de cotonniers, au milieu de laquelle paissait un beau cheval noir. Beatte, qui allait toujours en avant, nous fit signe de nous arrêter, et comme il montait une jument, il s'avança pas à pas du côté du cheval, en imitant le cri de cet animal avec une exactitude surprenante. Le noble coursier des Prairies tourna la tête, regarda un instant Beatte et sa jument, souffla, hennit, dressa les oreilles, puis se mit à caracoler en demi-cercle devant la jument d'un air galant, en se tenant toutefois a une assez grande distance pour que Beatte ne pût lui jeter le lariat. C'était une créature magnifique, dans tout l'orgueil, toute la beauté de sa nature ; rien ne pouvait surpasser la grâce, la fierté de son encolure, de tous ses mouvemens, l'élasticité de sa course et de ses courbettes sur la pelouse. Voyant l'impossibilité de l'aborder, et s'apercevant qu'il était prêt à prendre l'alarme et reculait toujours de plus en plus, Beatte descendit, posa son fusil sur le dos de sa jument, et l'ajusta dans le but évident d'*effleurer* le beau coursier. Je sentis un mouvement d'anxiété pour ce superbe animal : j'appelai Beatte, et lui criai de ne point tirer ; il était trop tard, il pressait la détente au moment où je parlais : heureusement il ne visa point avec sa justesse accoutumée, et j'eus la satisfaction de voir le destrier, noir de jais, se réfugier sain et sauf dans la forêt.

En sortant de cette vallée, nous montâmes encore des collines brisées et rocailleuses, couvertes de bois arides, également fatigantes pour les chevaux et pour les cavaliers. De plus, les ravins étaient creusés dans des fonds d'argile rouge, et souvent si escarpés que nos bêtes les descendaient en glissant du haut en bas, et grimpaient ensuite l'autre côté comme des chats. Çà et là parmi les taillis des vallées, nous vîmes des prunelles sauvages, et l'avidité avec laquelle nos hommes rompaient leurs rangs pour aller cueillir ces misérables fruits montrait combien ils aspiraient à la nourriture végétale, après avoir si long-temps exclusivement vécu de viande.

À trois heures passées nous campâmes à côté d'un ruisseau, dans une prairie où il restait encore un peu d'herbages pour nos chevaux à demi affamés. Beatte avait tué un faon pendant la journée ; un autre avait tué un dindon, en sorte que nous ne manquions pas de provisions.

C'était une splendide soirée d'automne. L'horizon, après le coucher du soleil, était d'un vert clair et doux, qui se fondait graduellement dans une teinte rosée, et à celle-ci succédait une raie d'un beau violet foncé ; une ligne étroite de nuages bruns, dont les bords étaient couleur d'or et d'ambre, flottait à l'occident ; et juste au-dessus (le ces nuages, l'étoile du soir brillait avec le pur éclat d'un diamant.

Le concert du soir des divers insectes était en harmonie avec la scène ; et tous ensemble formaient ce son doux et un peu mélancolique, toujours si agréable à un esprit disposé à la rêverie tranquille.

Nous eûmes encore une belle nuit. Nos hommes, fatigués, après un peu de conversation à demi-voix autour de leurs feux, tombèrent bientôt dans un profond repos. La lune, alors dans son premier quartier, éclairait faiblement ; mais lorsqu'elle fut couchée, des étoiles et des météores brillans répandaient encore une douce lumière. IL est délicieux de bivouaquer ainsi sur les Prairies, de contempler, étendu sur la couche du chasseur, les étoiles du ciel, comme on les contemple du pont d'un vaisseau. Dans ces solitudes, on sent la réalité de cette sympathie avec les astres, qui fit des astronomes des bergers de l'Orient, lorsqu'ils veillaient la nuit sur leurs troupeaux. Combien de fois ne me suis-je pas rappelé, en admirant la douce et bénigne clarté de ces beaux luminaires, ce passage sublime du livre de Job : *Peux-tu enchaîner les secrètes influences des Pléiades, ou déchaîner les tempêtes d'Orion !* Je ne saurais dire pourquoi, mais je me sentais, cette nuit-là, plus affecté que de coutume par la solennelle magnificence du firmament. Il me semblait que j'étais ainsi couché sous la voûte des cieux pour aspirer, avec l'air pur, une vie nouvelle, une active énergie, et en même temps une délicieuse tranquillité d'esprit. Je dormais et veillais alternativement ; et, quand je dormais, mes rêves participaient du caractère serein des pensées de mes veilles. Sur le matin, une des sentinelles, le doyen de la troupe, vint s'asseoir près de moi : il était assoupi, fatigué et très impatient d'être relevé de son poste.

Il me paraît qu'il avait, comme moi, regardé le ciel, mais avec des sentimens différens.

« Si les étoiles ne me trompent pas, dit-il, le jour va bientôt paraître.

— On ne peut en douter, dit Beatte, qui était couché tout près de moi ; je viens d'entendre un hibou.

— Le hibou a donc coutume de se faire entendre au point du jour ? demandai-je.

— Oui, monsieur, justement comme le coq. » C'était une habitude de l'oiseau de la sagesse qui m'était inconnue. Au reste, ni les étoiles ni le hibou ne trompèrent la confiance de nos deux observateurs ; un moment après, une lueur blanche et faible se montrait à l'orient.

CHAPITRE XXXIV.

Ancien campement de Cricks. — Disette. — Mauvais temps. — Marche pénible. — Pont de chasseurs.

Le pays que nous traversâmes, pendant la matinée du 2 novembre, était moins raboteux et moins aride que celui sur lequel nous avions marché la veille. À onze heures, nous arrivâmes à une prairie d'une grande étendue ; et à environ six milles sur notre gauche, nous vîmes une longue ligne de vertes forêts, qui marquait le cours de la Fourche Nord de l'Arkansas. Sur les confins de la prairie, dans un spacieux bosquet de beaux arbres qui ombrageaient un petit ruisseau, l'on voyait les vestiges d'un ancien campement de chasse des Cricks. Sur l'écorce des arbres étaient des représentations grossières de chasseurs et de squaws[1] dessinées avec un charbon, et divers signes hiéroglyphiques, qui, suivant l'interprétation de nos métis, indiquaient que les chasseurs, en quittant ce campement, avaient repris le chemin de leur village.

Sur ce beau site nous fîmes notre halte du milieu du jour. Tandis que nous nous reposions sous les arbres, nous entendîmes, à une assez petite distance, une détonation d'armes à feu, et, bientôt après, le capitaine et le corps principal, que nous avions laissés en arrière deux jours auparavant, débouchèrent du taillis, traversèrent le ruisseau, et furent joyeusement accueillis à notre camp. Le capitaine et le docteur, n'ayant pu retrouver leurs chevaux, avaient été obligés d'aller à pied la moitié du temps ; cependant ils étaient arrivés prodigieusement vite.

Nous reprîmes notre marche, vers une heure, en nous dirigeant à l'est, et en nous approchant obliquement de la Fourche Nord. Il était tard avant que nous eussions trouvé un bon campement ; les lits de ruisseaux étaient à sec, et les Prairies avaient été brûlées en plusieurs places par les chasseurs indiens. Enfin nous trouvâmes de l'eau dans un petit fond d'alluvion, où les bêtes eurent un pâturage tolérable.

Le lendemain matin, il y eut quelques éclairs à l'orient, un roulement de tonnerre sourd, et des nuages qui se rassemblaient sur l'horizon. Beatte prédit qu'on aurait de la pluie, et que le vent tournerait au nord. Pendant notre marche, une volée de grues plana sur nos têtes, venant du nord. « Voici le vent ! » dit Beatte ; et en effet il commença presque à l'instant à souffler de ce point, amenant de temps en temps des averses. À neuf heures et demie, nous passâmes le gué de la Fourche Nord de la Canadienne, et nous étions campés à une heure, afin de donner à nos chasseurs le temps de battre le pays pour avoir du gibier. Une disette sérieuse menaçait le camp. La plupart des cavaliers, jeunes, étourdis, sans expérience, n'avaient jamais pu se laisser persuader de conserver pour l'avenir, dans les momens d'abondance, en emportant des viandes cuites ou séchées. Lorsqu'ils abandonnaient un campement, ils y laissaient au contraire quantité de viande, et confiaient à la providence et à leurs fusils le soin de pourvoir aux besoins futurs. La conséquence de cette conduite devait être naturellement une famine si quelque rareté de gibier ou de mauvaises chances rendaient la chasse insuffisante. Dans le cas présent, ils avaient laissé au camp, sur la grande prairie, des charges de chair de daim et de buffle ; et, comme ils avaient toujours eu depuis des marches forcées qui ne leur permettaient point de chasser, ils étaient dans un complet dénuent, et déjà pressés par la faim. Plusieurs n'avaient rien mangé depuis la veille au matin. Cependant il eût été impossible de leur faire entendre, quand ils faisaient bombance au Camp des Buffles, qu'ils seraient aussi tôt exposés à souffrir de la disette.

Les chasseurs revinrent avec des dépouille » assez insignifiantes. Les partis de chasseurs indiens qui nous avaient précédés en ce canton avaient effarouché le gibier. On apporta dix ou douze dindons ; mais on n'avait pas vu un seul daim. Les rôdeurs commençaient alors à penser que les dindons, et même les poules de Prairies méritaient quelque attention, tandis que, jusqu'alors, ils les avaient regardés comme indignes de leurs coups.

La nuit fut extrêmement froide et venteuse, avec des averses intermittentes ; mais nous avions des feux superbes, d'où les flammes s'élevaient en mugissant, et qui nous maintenaient dans un état de chaleur agréable. Pendant la nuit, une troupe d'oies sauvages passa au-dessus du camp, remplissant l'air de cris éclatans, annonces de l'hiver.

Nous étions en route le lendemain de très bonne heure, nous dirigeant au nord-est, et nous nous trouvâmes sur les traces d'un parti de Cricks, ce qui facilita un peu la marche de nos pauvres chevauux. Nous entrâmes alors dans une belle campagne découverte. D'un tertre élevé, nous eûmes Li noble perspective d'immenses prairies agréablement variées par des bosquets, des lignes de bois, et bornées par de longues chaînes de collines éloignées, le tout revêtu des riches teintes de l'automne. Le gibier était aussi plus abondant. Un beau daim mâle se leva du milieu d'un pâturage à notre droite, et s'enfuit de toute la vitesse de ses pieds ; mais un jeune cavalier, nommé Childers, qui se trouvait debout, le coucha en joue ; la balle entra dans le cou de l'animal bondissant, et le fit tomber la tête la première. Deux autres daims mâle et femelle, et plusieurs dindons, avaient été tués pendant notre halte ; en sorte que les bouches affamées furent pour cette fois amplement satisfaites.

Vers trois heures, nous campâmes dans un bosquet. Nous avions fait une marche forcée de vingt-cinq milles qui avait été bien rude pour nos chevaux. Long-temps après que les premiers de la ligne étaient campés, le reste arrivait en se traînant par groupes de trois ou quatre. Un (le nos chevaux de bât était tombé épuisé à neuf milles en arrière, et bientôt un poulain, appartenant à Beatte, était également resté sur la place. Plusieurs autres chevaux paraissaient tellement faibles et harassés que l'on doutait qu'ils fussent capables d'atteindre le fort. Pendant la nuit, il y eut beaucoup de pluie, et le jour suivant se leva sombre et triste ; toutefois le camp retentit encore de quelques uns de ses anciens accens joyeux. Les cavaliers avaient bien soupé, et ils avaient repris courage en se sautant près d'arriver à la garnison. Avant notre départ, Beatte revint, ramenant son poulain, non sans beaucoup de difficultés. À l'égard du cheval de bât, on fut obligé de l'abandonner. La jument sauvage avait aussi pouliné par épuisement, et n'était pas en état d'aller plus loin. Elle et le poulain furent donc laissés au camp, où ils avaient de l'eau et un bon pâturage, et où l'on pouvait les revenir chercher ensuite, et les amener au fort s'ils reprenaient leurs forces.

Nous partîmes à huit heures, et notre journée fut extrêmement pénible, la moitié de notre chemin se trouvant sur des collines abruptes, l'autre, sur des prairies onduleuses. La pluie avait rendu le sol glissant, et si difficile pour les chevaux que plusieurs de nos hommes furent obligés de descendre, leurs montures n'ayant plus la force de les porter. Nous fîmes halte dans le courant de la matinée. Nos malheureuses bêtes étaient trop fatiguées pour paître. Quelques unes se couchèrent, et l'on eut bien de la peine à les forcer de se relever. Notre troupe avait la plus piteuse apparence imaginable, marchant lentement en ligne rompue, irrégulière, qui s'étendait a plus de trois milles sur les collines et les vallées, par groupes de trois ou quatre, les uns a pied, les autres à cheval, un petit nombre de traîneurs très éloignés fermant la marche. À quatre heures, nous fîmes halte pour la nuit dans une forêt spacieuse, près d'une rivière étroite et profonde, nommée la Petite Fourche du Nord. Il était tard lorsque les derniers de la troupe arrivèrent au camp, plusieurs chevaux étant tombés de lassitude. Le courant étant beaucoup trop profond pour être passé à gué, nous cherchâmes quelque moyen de le traverser. En attendant, nos métis emmenèrent nos chevaux à la nage de l'autre côté, parce que le pâturage y était meilleur, et que la rivière commençait évidemment à entier. La nuit fut orageuse et froide ; les vents sifflaient avec rage à travers la forêt, et emportaient des tourbillons de feuilles sèches. Nous fîmes des feux immenses avec des troncs d'arbres, et leur chaleur nous consola, si elle ne put nous égayer.

Le lendemain, une permission générale de chasse fut accordée jusqu'à midi, le camp se trouvant dénué de provisions. Le riche terrain boisé sur lequel nous étions abondait en dindons sauvages, et l'on en tua un très grand nombre. En même temps, on fit des préparatifs pour passer la rivière, qui avait cru de plusieurs pieds pendant la nuit, et l'on abattit des arbres propres à faire un pont. Le capitaine, le docteur et un ou deux autres chefs versés dans la science des bois, examinèrent avec des yeux de connaisseurs les arbres qui croissaient près du rivage, et ils en désignèrent deux de la plus grande dimension et de courbure convenable. La hache fut alors vigoureusement appliquée à leurs racines, de manière à les faire tomber directement en travers du courant ; mais comme ils n'atteignaient pas à l'autre rive, il fallut que quelques hommes se missent à la nage, et allassent couper des arbres de l'autre côté, afin qu'ils pussent se croiser avec ceux-ci. Enfin ils vinrent à bout de former un chemin précaire au-dessus du profond et rapide courant, sur lequel le bagage pouvait être porté ; mais nous étions obligés de nous traîner pas à pas le long du tronc et des grosses branches des arbres, qui, pendant une partie du trajet, étaient complètement submergées, en sorte que nous étions à moitié dans l'eau.

La plupart des chevaux traversèrent à la nage ; mais quelques uns étaient trop faibles pour rompre le courant ; d'ailleurs, ils n'auraient pu aller plus loin. Douze hommes furent donc laissés au campement pour garder ces chevaux jusqu'à ce que le repos et la bonne nourriture les eussent suffisamment restaurés pour achever le voyage, et le capitaine promit à leurs gardiens de leur envoyer de la farine et les autres provisions nécessaires aussitôt qu'il arriverait au fort.

1. ↑ Squaw signifie femme dans les dialectes des sauvages de l'Amérique du Nord.

CHAPITRE XXXV.

On voit terre. — Rude marche et campement affamé. — Ferme frontière. — Arrivée à la garnison.

Un peu après une heure, nous reprîmes notre ; pénible course. Le reste de la journée et la suivante tout entière se passèrent en marches difficiles et rudes, en partie sur des collines pierreuses, en partie sur de grandes prairies, que les pluies récentes avaient rendues fangeuses et coupées de ruisseaux devenus torrens. Nos pauvres chevaux étaient si faibles qu'il leur était difficile de passer les ravins et les torrens ; ils glissaient et chancelaient à chaque pas dans les plaines spongieuses, et nous fûmes obligés de descendre et de faire à pied plus de la moitié de la route. La faim tourmentait la troupe ; les mines s'allongeaient, les regards devenaient inquiets et sombres ; on mesurait avec effroi la longueur de chaque mille additionnel. Une fois, en gravissant une colline, Beatte grimpa sur un grand arbre d'où l'on avait une vue étendue, et il chercha des yeux le point vers lequel nous tendions, comme un marin cherche à voir la terre du haut du grand mât d'un navire. Il redescendit avec des nouvelles consolantes. À sa gauche, il avait vu une ligne de forêts qui s'étendait à travers la contrée, et qu'il savait devoir être les rives de l'Arkansas. Il avait distingué aussi certaines marques à lui connues, d'après lesquelles il conclut que nous n'étions pas à plus de quarante railles du fort. Ce fut pour nous comme le cri si bien venu de *terre ! terre !* pour des matelots éprouvés par les tempêtes.

En effet, nous vîmes au loin, peu de temps après, une fumée s'élever au-dessus d'une vallée boisée. On supposa qu'elle venait d'un campement de chasseurs osages ou cricks des environs du fort, et ce signe de la présence de l'homme fut accueilli avec joie. On espérait maintenant, non sans raison, arriver bientôt aux hameaux frontières des Cricks, épars sur les confins du désert, et nos cavaliers affamés reprirent courage en savourant d'avance les bonnes choses qu'ils allaient trouver dans les fermes, et en faisant l'énumération de tous les articles de bonne chère. L'eau leur venait positivement à la bouche en se figurant ces festins délicieux.

Cependant une nuit presque de famine termina une fatigante journée. Nous campâmes sur le bord d'un ruisseau tributaire de l'Arkansas, au milieu des ruines d'un bois superbe qu'un ouragan avait dévasté. Le tourbillon avait traversé la forêt en colonne étroite, et marqué son cours par des arbres énormes fendus, dépouillés ou déracinés. On les voyait gisant de tous côtés, comme des roseaux fragiles arrachés et brisés par le chasseur.

Il ne nous manquait pas de bois sans avoir à faire usage de la hache. D'immenses feux éclairèrent en un moment toute la forêt ; mais, hélas ! nous n'avions rien à faire cuire à ces beaux foyers. La disette du camp allait jusqu'à la famine. Heureux celui qui possédait un morceau de viande séchée, ou seulement les os du précédent repas ! Quant à nous, notre table était mieux approvisionnée que celle de nos voisins, un de nos hommes ayant tué un dindon. Nous n'avions, il est vrai, ni pain ni sel. On le fit simplement bouillir dans de l'eau, et cette eau nous servit de soupe. Il fallait nous voir frotter chaque morceau de dindon sur le sac vide qui avait contenu le sel, dans l'espoir d'y trouver encore quelques particules salines pour relever l'insipidité de ce, mets.

La nuit était d'un froid pinçant. Un brillant clair de lune étincelait sur les gouttes de gelée cristalline qui couvraient tous les objets autour de nous. L'eau gelait à côté des peaux sur lesquelles nous étions couchés à l'air, et, le matin, je trouvai la couverture dans laquelle je m'étais enveloppé enduite d'une couche de givre ; cependant je n'avais jamais dormi aussi *confortablement.*

Après une ombre de déjeuner, consistant en quelques os de dindons et une tasse de café sans sucre, nous décampâmes de très bonne heure ; car la faim est un bon aiguillon pour hâter une marche. Les Prairies étaient couvertes de petits diamans dont la gelée avait couvert les herbes, et qui étincelaient au soleil. Nous vîmes de grandes troupes de poules de prairie, qui voletaient d'arbre en arbre, ou se tenaient côte à côte le long des branches dépouillées, en attendant que le soleil eût fondu la gelée sur les plantes et le gazon. Nos cavaliers ne méprisaient plus cet humble gibier, et sortaient des rangs avec autant d'ardeur pour aller à la pomsuite d'une poule de prairie qu'ils le faisaient précédemment pour suivre un daim.

Chacun avançait maintenant de tout son courage, envieux d'arriver avant la nuit à quelque habitation humaine. Les pauvres chevaux étaient poussés au-delà de leurs forces, dans l'idée qu'on pourrait bientôt les dédommager de leurs peines présentes par le repos et une ample provende. Cependant la distance semblait s'étendre de plus en plus, et les montagnes bleues, qui nous avaient été montrées comme point de reconnaissance sur l'horizon, reculaient à mesure que nous avancions. Chaque pas était devenu un travail ; et, de temps en temps, un misérable cheval tombait exténué. Son maître l'obligeait à se lever de vive force, le poussait jusqu'auprès d'un ruisseau où il pouvait trouver de la pâture, et l'abandonnait à son sort. Parmi ceux qui furent ainsi laissés était un des chevaux de main du comte, excellent coureur, qu'on avait toujours vu en avant des autres à la chasse du cheval sauvage. Toutefois, on avait l'intention d'envoyer du fort un parti chargé de ramener ceux de ces pauvres animaux que l'on retrouverait vivans. Dans le cours de la matinée, nous tombâmes sur des traces d'Indiens qui se croisaient, preuve certaine que nous nous rapprochions des habitations humaines. Enfin, après avoir traversé une ligne de bois, nous vîmes deux ou trois cabanes ombragées par de grands arbres, sur les bords d'une prairie : c'étaient probablement les demeures de quelques fermiers indiens de la tribu des Cricks. Quand ces maisonnettes en bois eussent été des *villas* somptueuses offrant toutes les recherches, tout le luxe de la civilisation, il nous aurait été impossible de les contempler avec plus de ravissement.

Quelques cavaliers coururent à ces maisons pour tacher d'avoir de la nourriture ; mais le grand nombre continua d'avancer, espérant trouver bientôt l'habitation d'un colon blanc, qui, à ce qu'on disait, ne devait pas être fort éloignée. La troupe disparut en peu d'instans parmi les arbres, et je suivis lentement ses traces. Mon coursier, naguère si généreux, si véloce, pouvait maintenant tout au plus mettre un pied devant l'autre ; à chaque moment, je le sentais fléchir sous moi ; cependant j'étais trop las, trop exténué pour lui épargner la peine de me porter.

Nous nous traînions ainsi tristement lorsqu'au détour d'un épais massif d'arbres, une ferme frontière se présenta soudain à notre vue. C'était un ténement très bas, construit en solives à la manière des habitations des nouvelles colonies, et abrité par des arbres forestiers magnifiques ; mais un véritable pays de Cocagne l'entourait. Ici une étable, des granges, des greniers où régnait l'abondance ; laides légions de pourceaux grognant, des dindons gloussant, des poules caquetant, et des couveuses, suivies de leur nombreuse famille, erraient de tous côtés dans la basse-cour.

Mon pauvre cheval, harassé, demi mort de faim, leva la tête, et dressa les oreilles à ces objets, à ces sons bien connus. Il fit entendre une sorte de bruit intérieur assez semblable à un rire tronqué, remua la queue, et fit de longues enjambées dans la direction d'une crèche remplie d'épis dorés de mais. Ce ne fut pas sans peine que je modérai sa course, et le conduisis à la porte de la cabane.

Un seul coup d'œil suffisait pour éveiller toutes les facultés gastronomiques : là étaient assis le capitaine et ses officiers, autour d'une table à trois pieds, couronnée par un plat de bœuf bouilli et de navets. Je sautai à bas de mon cheval, je le mis en liberté d'aller faire sa cour à la crèche, et j'entrai dans ce palais de l'abondance. Une grosse négresse, à la mine joviale, me reçut à la porte : c'était la maîtresse du logis, la femme du fermier blanc, qui se trouvait absent. Je la saluai comme une fée bienfaisante du désert qui serait venue à mon secours, dans ma détresse, et aurait conjuré, en ma faveur, un banquet enchanté. Et c'était bel et bien un banquet. En un tour de main elle tira de la cheminée un grand pot de fer, qui aurait pu rivaliser avec les fameuses marmites des Égyptiens, sinon avec le chaudron des sorcières de Macbeth ; et posant à terre un immense plat de terre brune, elle inclina le chaudron formidable, et il en sortit de beaux morceaux de bœuf, accompagnés d'un régiment de navets qui culbutaient après eux, une riche cascade de bouillon enveloppant le tout. Elle me tendit ce plat avec un sourire d'ivoire qui s'étendait d'une oreille à l'autre, en s'excusant sur son humble chère et son humble vaisselle. Humble chère ! humble vaisselle ! du bœuf bouilli et des navets, et servis dans un plat de terre ! Penser à s'excuser d'un pareil traitement envers un homme arrivant des Prairies à demi affamé ! Et quelles magnifiques roties, de beurre ! Par le chef d'Apicius ! quel banquet !

La rage de la faim apaisée, je commençai à songer à mon cheval, et je trouvai qu'il avait pris soin de lui-même, et s'occupait assidûment à tondre les barbes des épis de maïs qui passaient à travers les barres de la crèche. Le capitaine et sa troupe firent halte, pour la nuit, au milieu de l'abondance de la ferme ; mais mes compagnons de voyage immédiat désiraient arriver dans la journée à l'agence des Osages. Une course d'un mille nous conduisit au bord de l'Arkansas, où nous trouvâmes un canot et plusieurs Cricks des environs qui nous aidèrent à passer nos bagages et à faire traverser nos chevaux à la nage. Je craignais que les pauvres bêtes ne fussent incapables de rompre le courant ; mais un bon repas de maïs leur avait rendu la vie, et il était évident qu'ils sentaient l'approche du logis où le repos et des râteliers bien fournis les attendaient. Ils allèrent presqu'au galop pendant la plus grande partie des sept milles qui nous restaient à faire, et la soirée était peu avancée, quand nous arrivâmes à l'agence, sur les bords de la rivière Verdegris, d'où nous étions partis un mois auparavant.

Nous passâmes la nuit à l'agence, où nous fûmes passablement logés ; cependant nous nous étions si bien accoutumés, depuis quelques semaines, à dormir en plein air, que, dans le premier moment l'emprisonnement d'une chambre nous fut désagréable.

Le lendemain je pris, avec mon digne ami le commissaire, le chemin de Fort Gibson, où nous arrivâmes assez mal en ordre, déguenillés, hâlés, un peu courbaturés, mais, à cela près, parfaitement sains, gais et gaillards. Ainsi finit ma croisière sur les territoires de chasse des Pawnies.

FIN.